Ina Johanne Petermann

Spurensuche - Gesammelte Predigten

Ina Johanne Petermann

Spurensuche - Gesammelte Predigten

Fromm Verlag

Impressum / Imprint
Bibliografische Information der Deutschen Nationalbibliothek: Die Deutsche Nationalbibliothek verzeichnet diese Publikation in der Deutschen Nationalbibliografie; detaillierte bibliografische Daten sind im Internet über http://dnb.d-nb.de abrufbar.

Bibliographic information published by the Deutsche Nationalbibliothek: The Deutsche Nationalbibliothek lists this publication in the Deutsche Nationalbibliografie; detailed bibliographic data are available in the Internet at http://dnb.d-nb.de.

Verlag / Publisher:
Fromm Verlag
ist ein Imprint der / is a trademark of
OmniScriptum GmbH & Co. KG
Heinrich-Böcking-Str. 6-8, 66121 Saarbrücken, Deutschland / Germany
Email: info@frommverlag.de

Herstellung: siehe letzte Seite /
Printed at: see last page
ISBN: 978-3-8416-0459-0

Inhaltsverzeichnis

Predigt zu 1. Mose 2,4b-9.15
gehalten am 15. Sonntag nach Trinitatis 2008

Liebe Gemeinde,

die Frage, wie der Mensch entstanden ist, würden wir heute etwas anders beantworten als die Menschen in biblischer Zeit: Sicher hat Gott vor Ewigkeiten das Leben auf der Erde entstehen lassen, sicher sind wir alle Geschöpfe Gottes. Aber es war natürlich eine lange Entwicklung bis der Mensch wirklich zum Menschen wurde. Unsere menschlichen Vorfahren mussten manches erst noch üben:
Den aufrechten Gang, die Wahl des eigenen Weges...

In der afrikanischen Serengeti gibt es eine Fußspur, die ist 3,6 Millionen Jahre alt. Vor dieser undenklich langen Zeit liefen da einmal drei menschenähnliche Wesen nebeneinander her - wahrscheinlich eine Frau, ein Mann und ein Kind. Weil Vulkanasche auf ihre Fußspuren fiel, blieben die Abdrücke vor Verwitterung bewahrt.

1978 wurden die unversehrten Fußspuren von dem Forscherehepaar Leakey freigelegt. Mary Leakey sagte nach der Entdeckung: "Sie sahen auf den ersten Blick aus wie unsere eigenen Spuren." In der Fachwelt gab es ein großes Staunen darüber, dass die drei Urmenschen schon aufrecht gehen konnten.

Wer weiß, vielleicht waren diese Frau, dieser Mann und dieses Kind ja sogar die Ersten, die den aufrechten Gang ausprobierten? Dann hätten wir in der Serengeti die Spuren der ersten wirklichen Menschen! Eine bewegende Vorstellung, aber natürlich reine Spekulation.

Auf jeden Fall haben die Drei sich der Erde eingeprägt. Nackte Füße können noch nicht viel Unheil anrichten: Es ist eine friedliche Spur, die diese Urmenschen hinterlassen haben.

Liebe Gemeinde, die biblischen Schöpfungsberichte darf man nicht mit modernen wissenschaftlichen Ansprüchen lesen.
Und doch hatten die alten Erzähler oder Erzählerinnen ein ähnliches Anliegen, wie das moderne Forscherehepaar, von dem ich gerade sprach: Auch die biblischen Erzählungen sind auf Spurensuche. Sie sind dem Menschen auf der Spur.

Diese Spur wird in den Schöpfungsberichten bis zurück zu den Anfängen verfolgt. Auf ihrer Spurensuche fördert die Bibel sehr unterschiedliche Wahrheiten über das Menschsein ans Tageslicht - Wahrheiten, die mit Archäologie nichts zu tun haben, aber eben mit Menschenkenntnis.

Lassen sie uns heute Morgen der Spurensuche unseres Predigttextes aus den Schöpfungserzählungen einmal nachgehen!
Welche Spur wird da aufgenommen und welche Wahrheit über das Menschsein wird uns da vermittelt?

Liebe Gemeinde, wir haben eingangs gemeinsam Psalm 8 gebetet. Dort erfahren wir, wie einer der Psalmenbeter den Menschen sieht: Er ist kaum geringer als die Gottheit selber, mit Glanz und Gloria gekrönt und zum Meister in Gottes Handwerk eingesetzt.

"Alles hast du ihm unter die Füße gelegt", ruft der Psalmbeter in ungebrochener Selbstgewissheit aus.
Der Mensch als Krone der Schöpfung!

Sehr viel bescheidener macht sich dagegen unser Schöpfungsbericht aus dem ersten Buch Mose aus: Da greift Gott in den Matsch und formt daraus den Menschen: Adam aus Muttererde gebildet.
Die Erde heißt in der biblischen Ursprache übrigens Adama, also wie Adam nur in weiblicher Form. Adam ist ein Erdling, aus Adamah, aus Muttererde geformt.

Und Gott bläst dem Erdgeschöpf in die Nase und da fängt es an zu atmen und kommt in Gang. Die Erde auf der es läuft, ist der Stoff, aus dem es gemacht ist: Wir sind ein Teil der Erde, will uns die Bibel damit sagen. Und das soll uns Bescheidenheit lehren und Ehrfurcht vor dem Planeten von dem und auf dem wir leben.

In dem Textabschnitt, über den ich heute predige, ist übrigens von einem Herrschaftsauftrag des Menschen über die Erde keine Rede. Da heißt es ganz wörtlich: Der Mensch soll der Erde dienen.

Das klingt für uns ein bisschen ungewohnt. Aber so steht es da:
Der Mensch soll Büsche und Gemüse anpflanzen, als Dienst an der Erde, die uns wiederum selber zu Diensten ist. Und noch etwas steht da: Wir sollen das gottgeschaffene Paradies gut bewachen. Ein blühender Garten soll unser Vermächtnis für die Nachwelt sein.
Doch welche Spuren hinterlassen wir tatsächlich auf der Erde?

Liebe Gemeinde, nachdem ich vorhin über die Spuren der Urmenschen in der Serengeti erzählt habe, will ich nun noch von einer anderen Fußspur erzählen, einer Spur, die uns unseren Umgang mit der Erde gut veranschaulichen kann. Ich bin während einer Israelreise auf sie gestoßen.

Da war in irgendeiner alten Kirche in einem dunklen Winkel ein Felsstück hinter Glas ausgestellt. In dem Felsen lässt sich eine großflächige, etwas formlose Vertiefung erkennen – angeblich ein Fußabdruck von Adam, dem ersten von Gott geschaffenen Menschen.

Wenn man sich diesen Abdruck genau anschaut, dann muss Adam wohl auf ziemlich großem Fuße gelebt haben (Schuhgröße 80 vielleicht).
Und Adam müsste ein ziemliches Trampel gewesen sein: Um den Fußabdruck herum wächst jedenfalls kein Gras mehr.

Woher auch immer dieser Abdruck stammen mag, er ist ein treffendes Sinnbild für die Art und Weise wie Adam - oder der Mensch - manchmal mit der Erde umgeht: Wir versetzen ihr Fußtritte, bis kein Gras mehr wächst. Ich erinnere nur an die schrecklichen Überflutungen der letzten Jahre, die nicht allein auf das schlechte Wetter sondern zu großen Teilen auch auf menschliche Unvernunft zurückzuführen sind.

Der angebliche Fußabdruck Adams und die zarten Spuren der drei Urmenschen in der Serengeti - beide versetzen in Staunen und Ehrfurcht.

Es gibt wenig Gemeinsamkeit zwischen diesen beiden Spuren und doch weisen beide auf das Dasein des Menschen in dieser Welt hin.
Es kann ein friedliches sein, so wie da einmal ein Mann, eine Frau und ein Kind friedlich ihres Weges gegangen sind. Und es kann großspurig und trampelig sein, so wie der steingewordene Fußtritt Adams, der sich auf dem Felsen in Jerusalem eingeprägt hat.

Welche Spur werden wir einmal hinterlassen in dieser Welt? Friedliche Spuren des bloßen Dagewesenseins und der Erinnerung oder Spuren der brutalen Einwirkung, Fußtritte, die den härtesten Stein aus der Fassung bringen?

Wir haben unser Dasein von der Erde nur geliehen, wir sind vom Staub der Erde genommen und werden wieder zu Staub, sagt uns die Bibel. Erde zu Erde, Asche zu Asche, Staub zu Staub sagt auch die Pfarrerin oder der Pfarrer, wenn ein Menschenleben ans Ende gekommen ist.

Aber ein Haufen Dreck sind wir deswegen noch lange nicht. Gott selber hat uns das Leben gegeben, hat seinen Atem in uns eingehaucht und uns in ein Paradies gesetzt, wie es schöner kaum sein kann.

Das sehen die Erzähler aus unserem Predigttext so und das sehen wir selber, wenn wir mit offenen Augen durch die Welt laufen.
Gerade jetzt im Frühherbst zeigt sich wieder die ganze paradiesische Schönheit der Schöpfung Gottes.

Gott hat die ersten Menschen Adam und Eva in den Garten Eden gesetzt. Und Eden, das heißt aus der Sprache der Bibel ins Deutsche übersetzt: Garten der Wonne, Garten der Genüsslichkeit. Gott hat uns also nicht nur für´s Schuften und für die Plackerei bestimmt, hat uns nicht nur zum Arbeitsdienst im Paradiesgarten abkommandiert, nein, wir dürfen uns auch zurücklehnen, alles in Ruhe betrachten und uns an der Pracht so richtig erfreuen. Gott hat uns auch zum Genuss erschaffen.

Und damit das Genießen möglich bleibt, müssen wir gut auf unser Paradies aufpassen.

Der Erde dienen und auf das Paradies aufpassen? Wie und wo kann ich das in die Tat umsetzen?
Da gibt es für jeden und jede sicher ganz unterschiedliche Möglichkeiten. Fangen wir doch beim Müll mal an: Die Erde erstickt inzwischen im Müll. In die armen Länder wird der Müll - vor allem der Giftmüll - aus den reichen Ländern gebracht? Achten Sie einmal darauf, wie oft am Tag sie etwas in den Müll werfen! Sind all die Verpackungen und Tüten wirklich nötig, die um die Lebensmittel und Waren gewickelt sind?

Vielleicht können wir hier nicht dafür sorgen, dass die Flüsse wieder in ihrer gewohnten krummen Bahn fließen. Aber möglicherweise gibt es wiederum mehr Einflussmöglichkeiten auch in unserem Ort, als wir glauben. Warum sich nicht politisch engagieren und mitreden, wenn es um die Zukunft unserer Kinder und den Erhalt dieser Welt geht?
Mischen Sie sich ruhig ein! Mischt euch ein! Das sage ich auch speziell zu den Jugendlichen und Jüngeren unter uns! Wir sind nicht so ohnmächtig, wie wir oft meinen.

Spuren hinterlassen wir immer, auch wenn wir uns selber für unbedeutend und einflusslos halten. Kein Mensch ist unwichtig und keiner verlässt spurlos diese Welt. Es bleibt immer irgendeine Art von Andenken an uns zurück. Die Frage ist nur, ob es eher der Fußspur jener drei Menschen in der Serengeti ähnelt oder aber dem Fußtritt des Adam in der Grabeskirche zu Jerusalem gleicht.

Im Psalm 8 heißt es: Alles hat Gott dem Menschen unter die Füße gelegt. Die Schöpfungsberichte erinnern uns daran, dass ein Paradies zu unseren Füssen liegt. Wir dürfen uns ohne Sorge daran erfreuen, wenn wir fürsorglich mit der Schöpfung umgehen.

Predigt zu 1. Mose 28,(1f) 10-19a
gehalten am 14. Sonntag nach Trinitatis 2013

Liebe Gemeinde!

Unser Predigttext schickt uns heute Morgen gedanklich in eine Gegend, die gerade täglich mit schlimmen Schlagzeilen in der Presse ist.

Die Orts- und Personennamen weisen auf heute umstrittene Gebiete im Nahen Osten:
- Paddan-Aram, wo der Großvater Jakobs lebt und wo die Familie der seiner Mutter Rebekka ihren Ursprung hat – das ist die Gegend um Damaskus - die Hauptstadt des heutigen Syrien
- Harran, wohin Jakob aufbricht – das liegt heute im Grenzgebiet zwischen der Türkei und Syrien
- Laban – der Name des Bruders der Rebekka erinnert an den Libanon.

Krieg und Terror herrschen heute in jener Region, Angst und Hoffnungslosigkeit bestimmen den Alltag der Bewohner.
Doch schon immer lösten sich dort in der Gegend des fruchtbaren Halbmondes Usurpatoren und Gewaltherrscher ab. Die Sehnsucht der Menschen nach Frieden aber blieb. Sie findet auch in unserer Predigtgeschichte ihren Ausdruck.

So endet der Predigttext mit einem durch und durch hoffnungsvollen Ausblick: Bethel – übersetzt „Haus Gottes" – hieß früher Lus, erfahren wir da.
Was heißt Lus? „Lus" bedeutet übersetzt Verkehrtheit, Verderbtheit.
Doch der Name wird in der Geschichte umgedreht in Haus Gottes.
Das ist eine aktuelle bleibende Verheißung.

Ja, der Predigttext birgt alleine schon durch die Nennung der Ortsnamen eine beklemmende Aktualität.

Blicken wir noch einmal auf Paddan-Aram:
Wenn man diesen Namen im Internet eingibt, dann findet man Bilder des Grauens und der Gewalt. Eine der ersten Seiten, die ich öffnete, zeigte zum Beispiel Kleinkinder und Babys, in weiße Tücher eingewickelt und verschnürt. Sie sahen friedlich aus diese Kinder. Sie waren alle tot, umgekommen bei einem Giftgasangriff.

Das ist Paddan-Aram heute: Die Hölle auf Erden.
Unser Predigttext spielt sich in der gleichen Gegend ab.
Aber er erzählt etwas anderes, er erzählt vom Himmel auf Erden.

Und er spricht von Kindern, die noch geboren werden sollen, Generationen, die kommen werden, um das Land mit Leben zu erfüllen. Doch nicht um sich dann irgendwann gegenseitig an den Kragen zu gehen und Gift zu versprühen. Sondern um ein Segen zu sein und die Erde mit Segen zu erfüllen: „Durch dich und deine Nachkommen sollen alle Geschlechter auf Erden gesegnet werden"...

Wörtlich heißt es alle **Familien** und gemeint ist die ganze Menschheitsfamilie – die ganze Völkerwelt soll gesegnet werden. Also nicht nur die Familie, die zu gründen Jakob aufgebrochen ist. Gott ist der Schöpfer des Himmels und der Erde und will alle Volksfamilien der einen Welt in seinen Segen einschließen.

Die Verheißung erstaunt an dieser Stelle, denn gerade war noch davon die Rede, dass Jakobs Bruder Esau sich mit Frauen aus fremden Völkern verheiratet und dadurch den Zorn seiner Eltern Isaak und Rebekka auf sich gezogen hatte. Wohlgemerkt: Nicht, weil er gleich einen kleinen Harem um sich schart, sondern weil seine Frauen eben andere Vorfahren haben als Abraham und Sara, Isaak und Rebekka.

Liebe Gemeinde, halten wir diese Erkenntnis fest:
Gott wählt sich anfangs zwar eine Familie und ein Volk aus, um sich den Menschen zu erkennen zu geben, wie das erste Mosebuch erzählt. Aber der Segen soll und muss weitergegeben werden an die ganze Menschheit. Das Volk Israel muss mit allen teilen und alle sollen miteinander teilen, auch das steht schon auf den ersten Seiten des Mosebuches.
Alle Menschen sind gleich geachtet in den Augen Gottes.

Unser Predigttext erzählt von einem Traum:
Er beschreibt einen uralten Menschheitstraum, ja, dieser Traum reicht noch hinter die biblischen Texte zurück und ist genauso alt wie die ältesten noch greifbaren Zeugnisse menschlicher Zivilisation: Der Traum vom Frieden auf der Welt, der Traum vom Himmel auf Erden, der Traum, dass Himmel und Erde sich berühren und Gott und Mensch Hand in Hand gehen.
Der älteste Traum des Menschen überhaupt.

„I have a dream" – „Ich habe einen Traum" – das sind berühmte Worte, an die wir in diesen Tagen wieder erinnert werden.

Vor 50 Jahren – genauer am 28. August 1963 - hat sie der schwarze Pfarrer und Bürgerrechtler Martin Luther King ausgerufen. Mehr als eine viertel Million Menschen hörten ihm damals gebannt zu vor dem Lincoln Memorial in Washington, der Hauptstadt der Vereinigten Staaten von Amerika.

»Ich habe einen Traum: Alle Menschen sind gleich erschaffen.", rief Martin Luther King. „Ich habe einen Traum: Meine vier kleinen Kinder werden nicht nach ihrer Hautfarbe, sondern nach ihrem Charakter beurteilt. Ich habe heute einen Traum!«

Damals vor 50 Jahren konnte man davon tatsächlich nur träumen:
Schwarze und weiße Bewohner der Vereinigten Staaten durften nicht auf derselben Parkbank sitzen, mussten unterschiedliche Eingänge in öffentliche Gebäude benutzen, farbige und hellhäutige Kinder durften nicht die gleichen Schulen besuchen, Eheschließungen zwischen Menschen verschiedener Hautfarben waren verboten usw. usf.

Manchmal werden Träume wahr.
Im Jahr 1964 – ein Jahr nach Kings berühmter Rede – wurde die Rassentrennung in den USA aufgehoben.
Der Traum des Martin Luther King ging in Erfüllung. Heute – 50 Jahre nach seiner Rede - regiert in den Vereinigten Staaten von Amerika ein dunkelhäutiger Präsident, dessen Vater aus Schwarzafrika und dessen mütterliche Vorfahren aus Europa stammten.

Träume können verändernde Kraft haben.
Träume können eine eigene Dynamik entwickeln.
Träume sind durchaus nicht immer Schäume.
Sie können voller prophetischer Weisheit und Weitsicht sein und zum Handeln anstiften.

Jakob träumt.
Und wer selber zu den Menschen gehört, die sich an ihre Träume nach dem Aufwachen noch erinnern können, der weiß, dass es oft Tagesereignisse

sind, die man da verarbeitet, Stichworte, Gesichter, Begebenheiten tauchen im Schlaf wieder auf, die einen zuvor im Wachzustand beschäftigt haben.

Auch bei Jakob ist das so. Erinnern wir uns: Sein Vater Isaak schickt ihn zu den Verwandten seiner Mutter, Bethuel hieß der Großvater.
„Frag nach dem Haus Bethuels, merk Dir diesen Namen, Bethuel, den kennt dort jeder in Paddam-Aram, wenn du danach fragst, kommst du richtig an."
So wird es Isaak seinem jüngeren Zwillingssohn Jakob eingeschärft haben.

Während Jakob also unterwegs ist, spricht er den Namen immer wieder vor sich hin: Bethuel, Bethuel.
Und dann kommt die Nacht und er bereitet sich eine provisorische Schlafstätte, mitten auf freiem Feld, nur mit einem Feldstein als Kopfkissen.
„Bethuel, Bethuel" murmelt er, während er einschläft.
Ach ja: Bethuel hat im Hebräischen, der Sprache des Alten Testaments und der Sprache Jakobs natürlich eine Bedeutung: Haus Gottes heißt der Name übersetzt. Der deutsche Männername Gotthard entspricht dem ungefähr.

Zurück zu Jakob. Der schläft bald tief und fest.
Und da erschaut er im Traum diese Leiter oder vielleicht auch Treppe, die bis in den Himmel reicht und auf der Engel, Gottesboten auf- und absteigen, als wären sich Himmel und Erde ganz nah.

Ja, Gott selber erscheint da und stellt sich dem Jakob vor:
„Ich bin der Lebendige, der war, der ist, der sein wird, so lautet mein Name. Ich war schon mit deinen Vorvätern unterwegs, jetzt bin ich mit Dir auf Deinem Wege und bleibe an deiner Seite."

Und eingerahmt in diese Worte findet sich die wunderbare Mehrungs- und Segensverheißung, auf die ich schon ausführlicher eingegangen war.

„Ich will dich segnen und du sollst ein Segen sein und in Dir sollen gesegnet werden alle Geschlechter auf Erden" – so lautet schon Gottes Verheißung an Abraham. Nun wird die dritte Generation in den Segen einbezogen und mit ihr erneut alle Völker der Welt.

Liebe Gemeinde,
wir haben es mit einem sehr alten Textgefüge zu tun, in dem sich - unmerklich für uns heute -, verschiedene religiöse Vorstellungen mischen: Der Glaube an den einen Gott muss sich erst noch durchsetzen, Gott muss sich immer wieder einmal neu vorstellen und erklären.

Die Himmelsleiter oder -treppe in dem Traumbild erinnert an die Tempeltürme oder Zikkurate mit ihren spiralenartigen Treppenaufgängen, die es in der Zeit Jakobs dort in Mesopotamien vielerorts gab. Man glaubte tatsächlich, dass Götter oder Götterboten diese Treppen nutzten, um vom Himmel herabzusteigen.

Als Jakob erwacht, ruft er aus: *Wie heilig ist diese Stätte! Hier ist nichts anderes als Gottes Haus, und hier ist die Pforte des Himmels.*

Gottes Haus - auf Hebräisch Bethel. Ich wies schon auf die Ähnlichkeit zum Namen des Großvaters von Jakob hin: Bethuel.

Jakob – vom Schlaf erwacht, merkt, dass Gott keine Tempel und festgemauerten Häuser braucht, um den Menschen nahe zu sein.
Die ganze Erde ist Gottes Haus, wenn es gesegnete Erde ist.

Die ganze Welt wird zur Wohnstatt Gottes, wenn Segen geteilt wird.

Bethel – das ist der Wohnort Gottes auf Erden – ganz gleich, in welchem Land, auf welchem Erdteil, bei welchen Menschen Gottes Segen spürbar wird.

So findet sich schon in den Anfangskapiteln der Bibel eine erstaunliche ökumenische Weite, die in der Sendung Jesu zu den Völkern dann ihre logische Fortsetzung findet.

Liebe Gemeinde, wir haben am heutigen Sonntag Schwester NN und Dr. NN in unserem Gottesdienst zu Gast. Seit 10 Jahren arbeiten die beiden Frauen eng zusammen, um behinderten und notleidenden Kindern in Bolivien ein menschenwürdiges Dasein zu ermöglichen.

Ein segensreicher Dienst über nationale und konfessionelle Grenzen hinweg, durch den das Haus Gottes in dieser Welt miterbaut und lebendig gehalten wird. Ein sichtbares Zeichen für die Nähe von Himmel und Erde, die nicht nur ein Traum ist, sondern immer wieder konkrete und sichtbare Gestalt gewinnt.

Leben wir unsere Träume von einem gerechten, segensreichen Miteinander der einen Menschheitsfamilie. Träumen wir von einer bessern Welt und beten und arbeiten wir dafür, liebe Gemeinde!

Predigt zu 1. Mose 12,1ff
gehalten am 5. Sonntag nach Trinitatis 2012

Liebe Gemeinde,

mit 75 Jahren also macht sich der gute Abraham auf den Weg ins unbekannte Neuland.

Ein stolzes Alter. Und doch ist Abraham ein junger Hüpfer, wenn man bedenkt, dass er noch weitere 100 Lebensjahre vor sich hat. Denn in 1. Mose 25,7f erfahren wir, in welchem Alter Abraham verstirbt: „Das ist aber Abrahams Alter, das er erreicht hat: 175 Jahre!" Da hat Abraham mit 75 Jahren also noch nicht einmal seine Lebensmitte erreicht.

Bleiben wir kurz bei den 75 Jahren. In der Bibel haben Zahlen ja meistens eine eigene Bedeutung.

Auch die 75 ist „nicht ohne". In alter Zeit galt diese Zahl als heilig. Sie vereint die Zahl 70 und die Zahl 5. Die 70 galt als Symbol der Ratio, des Verstandes, die 5 dagegen als Symbol der 5 Sinne des Menschen: beide addiert zur Zahl 75 ergeben die vollkommene Harmonie von Geist und Sinn, von Verstand und Gefühl.

Aber damit sind wir mit der 75 noch nicht am Ende. Spannend ist eine weitere Beobachtung: Errechnet man die Quersumme, zählt man also 7+5 zusammen, dann erhält man die 12 – eine weitere heilige Zahl. In dieser verbinden sich wiederum die göttliche 3 und die irdische 4, oder anders gesagt: Himmel und Erde spiegeln sich in der 12.

Mit 75 Jahren – so dürfen wir uns das vorstellen – hat Abraham das ideale Alter erreicht, um Gottes Ruf zu hören und ins Neuland aufzubrechen. Er ist im besten Alter - ein „Best-Ager“, wie man heute auch gerne sagt.

Für Abraham bedeutet die 75: Jetzt ist die Zeit, jetzt ist die Stunde.

Manchmal gibt es dieses ideale JETZT.
Auch unabhängig von einem bestimmten Lebensalter:
Plötzlich ist etwas an der Zeit und duldet keinen Verzug.
Eine Entscheidung ist herangereift.
Eine innere Stimme lockt heraus aus dem, was gewohnt und vertraut war.
Plötzlich weiß ich, was ich mein Weg ist, sehe die nächsten Schritte ganz klar vor mir.
Plötzlich tut sich ein weiter Raum vor mir auf und ich folge der Stimme, die da sagt: Geh! Warte nicht länger, überleg nicht mehr lange, mach dich auf den Weg!

Haben Sie das auch schon einmal erlebt?
Und wenn ja, sind Sie der Stimme gefolgt?
Haben Sie es ausprobiert?
Sind Sie aufgebrochen in ein Neuland – innerlich oder äußerlich?

„Geh los“, sagt Gott zu Abraham. Und im hebräischen Text wird die Aufforderung wiederholt: *Lechlecha* – Geh, geh für dich!
Du musst es tun, wenn Du Dir selber treu bleiben willst und wenn Du an Gottes Ruf glaubst.

Und so zieht Abraham los ins unbekannte Land, lässt alles hinter sich und macht sich auf den Weg.

Mich fasziniert diese Geschichte immer wieder.
Sie klingt so unglaublich und birgt so viel Weisheit!

In dreifacher Weise erwähnt der Text, was Abraham hinter sich lassen soll: Die Heimat, die Stammesgenossen, die engsten Angehörigen. Kurzum: Alles, was Sicherheit gibt.

Vier große Versprechungen bekommt Abraham mit auf den Weg: Sie lauten, freier übersetzt: Große Nachkommenschaft, großes Glück, großer Ruhm und große Harmonie in der einen Menschheitsfamilie.

Das sind gewaltige Versprechungen, göttliche Verheißungen, die anzeigen, dass in Abraham mehr als nur ein einzelner Mensch angesprochen ist.
Abraham, das ist ein Prinzip.
Das ist Gottes Prinzip der überfließenden Fülle und Gnade, die allen unseren Wegen immer schon voraus geht.
Das ist Gottes Heilsplan für diese Welt.

Gleichwohl gestaltet sich der Weg des einzelnen Menschen oder der Weg der Völker dann keineswegs immer so gradlinig, wie die großen Verheißungen Gottes vermuten lassen.

Ja, auch unser Erzvater Abraham lässt im folgenden Ängstlichkeit und Zweifel erkennen, zeigt Kleinmut und erweist sich als ganz normaler Mensch mit allem, was das Menschsein eben auszeichnet im Positiven wie im Negativen.

Woher nun aber kommt Abraham, wohin bricht er auf?
Schauen wir uns die Sache genauer an!

Abram aber war 75 Jahre alt, als er aus Haran zog, erfahren wir am Ende unseres Predigtabschnitts aus dem 1. Mosebuch.

Wo und was ist Haran? Machen wir hier kurz Station!
Ursprünglich kommt die Familie von Abraham aus Ur in Chaldäa (heute im Irak gelegen). Haran (Charan) ist nur eine Zwischenstation.
Der Name Charan bedeutet wohl „Reise“ oder „Karawane“.
Zur Zeit Abrahams war Charan - wie Archäologen herausgefunden haben - in der Tat Reise- und Handelsstation für umherziehende Karawanen von Kaufleuten und Viehhändlern.

Noch heute leben übrigens Menschen dort an der Grenze zwischen der Türkei und Syrien. Zurzeit werden sich dort auch viele Flüchtlinge aufhalten.

Wenn man den Namen Charan auf Hebräisch hört, dann klingt da übrigens noch eine andere spannende Vorstellung, ein anderes Begriffsfeld an: Man könnte nämlich auch die Worte Zorn oder Zank und Streit heraushören.

Hier in unserer Nähe, im Brachtal gibt es ja einen Ort Streitberg – ähnlich könnte man dann auch Charan zum Beispiel mit Streithausen übersetzen.

In einer neueren Verfilmung über Abraham gibt es tatsächlich immer wieder Streit und Eifersüchteleien in der Sippschaft Abrahams
Als dieser eines Tages den Ruf Gottes hört und sich heimlich aus Charan davonmacht, lässt er auch die Streithähne und die familiären Zwistigkeiten hinter sich.

Ich möchte den Gedanken ein wenig weiterspinnen:

Wie oft halten uns alte Verletzungen im Griff, werden zu einer Behausung, in der wir uns einrichten, unseren Zorn hegen und die Missgunst pflegen - manchmal ein halbes Leben lang.

Vielleicht ruft uns Gott ja auch auf einen Weg heraus aus innerer Verhärtung und Unversöhnlichkeit, aus eingefahrenen Verhaltensweisen und einem unguten Miteinander.

Gott ruft uns zu: Lass Dein „Streithausen" hinter Dir, lass es eine Zwischenstation in Deinem Leben sein und wage den Aufbruch ins Neuland!

Gottes Segen für einen solchen Neubeginn ist uns schon immer zugesagt, Gottes Segen ist uns schon gegeben, wenn wir den Aufbruch tatsächlich schaffen.

Abraham bricht auf – nicht ohne sich doch noch für alle Fälle abzusichern: Neffe Lot an seiner Seite garantiert, dass sein Besitz nicht in fremde Hände fallen wird. Der Sohn seines Bruders, sicher ein kräftiger junger Mann, kann Abraham unterwegs beschützen und ihn notfalls beerben, falls es doch nichts mehr werden sollte mit der eigenen Nachkommenschaft und dem Glück und dem Ruhm etc. Gottes Stimme ist oft leise - wer weiß, ob man immer richtig gehört hat?

Ich liebe die Abraham-Geschichten! Sie haben so einen wundervollen Realitätssinn! Da zieht der Abraham tatsächlich los - scheinbar gläubig und voller Gottvertrauen. Er lässt die Stadt Charan – „Streithausen" - hinter sich.
Und im Reisegepäck stecken seine Zweifel und auch der nächste zwischenmenschliche Konflikt. Denn mit Lot wird es auch bald wieder tüchtig Streit geben.

Lot heißt übrigens so etwas wie „Verschleierung“ oder „Heimlichkeit“. Möge sich jeder selber etwas dazu denken...

Nein, der neue Weg – er mag sich plötzlich auftun und doch bin ich auf diesem neuen Weg nicht gleich ein neuer Mensch.
Da gibt sich auch unsere Predigtgeschichte keiner Illusion hin.
Aber jeder neue Weg lehrt mich etwas über mein Menschsein, jeder Schritt ins Unbekannte wirft mich erneut in die Arme Gottes.

In den folgenden Kapiteln werden wir Abraham immer wieder in all seiner Menschlichkeit und Erbärmlichkeit kennen lernen.
Oder sagen wir statt Erbärmlichkeit lieber Erbarmungswürdigkeit.
Denn tatsächlich erbarmt sich Gott immer wieder seines Auserwählten und bringt ihn noch viele Male auf den richtigen Weg zurück.
Lesen Sie selber nach, wie es weiter geht mit Abraham in 1. Mose Kapitel 12 und folgende.

Das Wunder ist nicht Abraham, liebe Gemeinde, das Wunder in unserer Geschichte ist auch nicht sein vermeintlich heldenhafter Glaube.

Das Wunder ist Gott. Das Wunder ist Gottes Zusage, die gewaltig und groß ist, ja schier unglaublich, und die gültig bleibt in und trotz aller menschlichen Ungläubigkeit und Irrgläubigkeit und in und trotz aller Abwege und Umwege, auf die es uns verschlägt.

„Ich will Dich segnen und Du sollst ein Segen sein.“
Es gilt – dieses Wort - bis zum heutigen Tag.
Es gilt Dir und mir und allen Menschen und allen Völkern dieser Welt.
Es gilt gegen allen Augenschein.

Es gilt, seitdem Gott den Abraham auf den Weg schickte und es galt auch schon davor.
Denn schon die allerersten Wesen, die den Namen „Mensch“ verdienen, empfangen Gottes Segen: „Gott schuf die Menschen männlich und weiblich und segnete sie“, heißt es in 1. Mose 1,27+28.

Mit Gottes Segen beginnt unser Menschsein und unter Gottes Segen spannt sich immer wieder ein weiter Raum vor uns auf, der uns erlaubt, Mensch zu sein und Mensch zu bleiben.

Und gleichzeitig dürfen wir fest darauf vertrauen, dass Gottes Segen immer wieder auch Verwandlung schafft und neuen Segen hervorbringt.

Predigt zu 2. Mose 34,4-10
gehalten am 19. Sonntag nach Trinitatis 2014

Liebe Gemeinde,

an diesem Taufsonntag werden wir wieder einmal an eine alte menschliche Weisheit erinnert, die sich bereits in der Bibel findet:
Erwachsene prägen das Leben von Kindern, Eltern tragen Verantwortung für die Entwicklung ihrer Kinder.
Sie brauchen deswegen Gottes Segen und Hilfe, Entlastung durch die Angehörigen und Unterstützung von der Gemeinschaft, in der sie leben. Kirche will solche Gemeinschaft anbieten.

Mit der Taufe stellen wir Kinder ganz bewusst und gezielt in diese Gemeinschaft hinein. Denn die Gemeinde Gottes bietet Wegweisung und Heilung, macht Vergebung und Neuanfänge möglich, und das immer und immer wieder.

Davon erzählt auch der Predigttext für diesen Sonntag.
Er führt uns auf eine gedankliche Zeitreise zurück in die Anfänge des Volkes Israel, als dieses beginnt zum Volk Gottes zu werden, sich zögernd aber unaufhaltsam mit dem einen einzigen Gott des Himmels und der Erde anfreundet und von ihm auf den Weg bringen lässt.

Unser Predigttext erzählt aus der Zeit des Moses und erzählt von dem schwierigen Unterfangen Gottes, bei den Menschen Gehör und Gehorsam zu finden: Die zehn Gebote, kaum dass sie geschrieben und verlesen sind, gehen zu Bruch. Das Volk tanzt lieber um goldene Kälber als einem unsichtbaren Gott zu folgen. Aber Gott gibt nicht auf.

Hören wir nun auf Worte aus dem 2. Mosebuch Kapitel 34, ich lese ab Vers 1 in einer eigenen Übersetzung aus dem hebräischen Urtext.

Und Gott – heilig sein Name - sprach zu Mose: Haue zwei steinerne Tafeln zurecht, wie die ersten. Dann schreibe ich auf die Tafeln die Worte, die auf den ersten Tafeln standen, die du zerbrochen hast.
Mach dich am Morgen zurecht, steige frühmorgens hinauf auf den Berg Sinai und stelle dich mir dort auf dem Gipfel des Berges.
Kein Mensch soll mit dir hinaufkommen, niemand soll sich blicken lassen auf dem ganzen Berg, auch kein Kleinvieh oder Rindvieh soll unterhalb dieses Berges weiden.
Da gestaltete Mose zwei steinerne Tafeln wie die vorigen, erhob sich früh am Morgen und stieg auf zum Berg Sinai, wie ihm Gott – heilig sein Name - geboten hatte. Die zwei steinernen Tafeln hielt er in seiner Hand.
Gott aber – heilig sein Name - stieg ab in einer Wolke.
Und er stellte sich ihm dort und meldete sich im Namen Gottes – heilig sein Name.
Gott aber – heilig sein Name - fuhr über sein Angesicht.
Da rief er den heiligen Namen Gottes aus und ein zweites Mal rief er ihn aus (und fuhr fort):
O Gottheit, barmherzig und gnädig, von langem Atem, großer Freundlichkeit und Zuverlässigkeit, freundlicher Hüter über die Tausendschaften, Tilger von Sünde und Schuld und Verfehlung.
Straffrei lässt er, doch frei lässt er nicht, fordert Rechenschaft für die Schuld der Eltern an Kindern und Kindeskindern bis zur dritten und vierten Generation.
Blitzartig warf sich da Mose zu Boden in ehrfurchtsvoller Gebetsgebärde.
Und er sprach: Wenn ich nun Gnade in deinen Augen gefunden habe, mein Herr, so wandle doch als mein Herr in unserer Mitte, denn dies ist ein

halsstarriges Volk. Du aber vergibst unsere Sünde und Schuld und setzt uns als Erben ein.
So sprach der Herr dem Mose zu: Dann schließe ich also einen Bund: Vor deinem ganzen Volk will ich staunenswerte Dinge tun, wie sie in keinem Land und in keinem Volk auf Erden bisher geschafft wurden.
Und all das Volk, inmitten dessen du dich befindest, wird die Werke Gottes – heilig mein Name – sehen. Ja, Ehrfurcht wird erwecken, was ich mit dir zusammen vollbringen werde.

Liebe Gemeinde,

Ehrfurcht erweckend klingen diese Worte.
Ehrfurcht und Erstaunen erweckt die ganze Szenerie, die hier beschrieben ist:
Eine Szenerie, irgendwo zwischen Himmel und Erde angesiedelt beziehungsweise dort, wo sich Himmel und Erde berühren, auf einem Berg, der seinen Namen vom Mond hat:
Im Bergnamen Sinai verbirgt sich nämlich ein altes Wort für den Mond.

Doch was hier erzählt wird, findet keineswegs auf dem Mond statt, sondern gestaltet sich sehr erdnah, ja, es geht einzig und allein um das, was wir Menschen auf und mit dieser Erde veranstalten und was wir den kommenden Generationen hinterlassen werden.

Und zugleich und genau darin geht es um den Umgang von Mensch und Gott miteinander oder auch gegeneinander, auf jeden Fall aber im Gestalten dieses Erdenlebens.

Und so wird auch Gott „geerdet“ in der Predigterzählung:

Gott fährt vom Himmel herab, begibt sich auf Augenhöhe mit Mose und mischt sich unter das Volk, gesellt sich an Moses Seite, ihm den Rücken zu stärken und den Menschen nahe zu sein.

Und da werden wir Zeugen erstaunlicher Vorgänge:
Mose, so erfahren wir, redet mit Gott von Angesicht zu Angesicht, so wie es schon im vorigen Kapitel 2. Mose 33 in Vers 11 einmal heißt:
Gott redete mit Mose von Angesicht zu Angesicht, wie ein Mann mit seinem Freunde redet.

Wer etwas bibelfester ist, wird sich nun wundern und daran erinnern, dass es an prominenter Stelle etwas weiter im selben Kapitel doch heißt: *Kein Mensch kann Gott ins Gesicht schauen und am Leben bleiben.* (2. Mose 33,20). Da muss sich Mose noch in einer Felsspalte verbergen, während Gottes Lichtglanz an ihm vorbeihuscht. Mose hat das Nachsehen: Er darf Gott nur von hinten betrachten.

Die unterschiedlichen Erzählstränge führen vor Augen, wie schwer es uns Menschen fällt, eine angemessene Ausdrucksweise für das Unsagbare, Unbeschreibbare – eben für Gott - zu finden.

In unserem Predigttext stehen sich Gott und Mose zunächst direkt gegenüber. Es klingt fast ein bisschen wie eine Schlachtanordnung: Mose stellt sich Gott, Gott stellt sich Mose gegenüber auf.

Die Haltung des Mose ändert sich freilich abrupt, als die Rede Gottes auf die mögliche Fehlbarkeit des Menschen und seine Verantwortung für die kommenden Generationen auf dieser Erde kommt.

Das haut den guten Mose schlichtweg um: Wie vom Blitz getroffen wirft es ihn zu Boden. Eine demutsvolle Gebetsgebärde, liebevoll ironisch aufgezeichnet.

Doch gleich darauf reden Gott und Mose wieder miteinander wie alte Freunde und wir dürfen zuhören, worüber sie verhandeln.

Ja, erstaunlicherweise (!) dürfen wir lauschen – denn eigentlich sollte es doch gar keine Zeugen für dieses Zwiegespräch geben: *Kein Mensch soll mit dir hinaufkommen, niemand soll sich blicken lassen auf dem ganzen Berg, auch kein Kleinvieh oder Rindvieh soll unterhalb dieses Berges weiden,* heißt es im Text.

Manches dumme Schaf hat ja schon sein Maul geöffnet und sich verplappert, manches Rindvieh Dinge ausgeplaudert, die niemanden etwas angehen.

Freilich, was hier verhandelt wird zwischen Mose und Gott, Gott und Mensch, geht uns alle an, ja, das geht uns ganz unbedingt etwas an.

Ein berühmter Theologe, Paul Tillich, hat das einmal so formuliert:
Glaube ist das Ergriffensein von dem, was uns unbedingt angeht.

Ergreifend ist die Art und Weise, wie Mose und Gott offen und freundschaftlich miteinander sprechen, Ergriffen hören wir ihr Wort.

Sieben Mal im Text taucht der heilige Gottesname auf – Jahwe wurde er wohl ursprünglich ausgesprochen. Schon in biblischer Zeit werden dafür Umschreibungen gesucht wie „Herr“ oder „Gott“, „der Ewige“ oder einfach „der Name“.

Mose nimmt den alten Gottesnamen noch ungeniert in den Mund: *Jahwe, Jahwe* ruft er aus, als er Gott gegenüber steht, dann benutzt er die Bezeichnung „El“ (Gottheit), als er fortfährt:

O Gottheit, barmherzig und gnädig, von langem Atem, großer Freundlichkeit und Zuverlässigkeit, freundlicher Hüter über die Tausendschaften, Tilger von Sünde und Schuld und Verfehlung.

Eine Auflistung schöner Namen und Bezeichnungen für Gott.
Eine Liebeserklärung an Gott.
Die Botschaft des Neuen Testaments ist hier schon vorweggenommen.
Judentum und Christentum aber auch der Islam sind sich darin einig, dass Barmherzigkeit und Freundlichkeit die hervorragendsten Eigenschaften Gottes sind.

Den freundlichen Gott erwählt sich Mose zu seinem Herrn.
Dazu benutzt er nun den hebräischen Ausdruck ADONAJ, der wörtlich genau dieses, nämlich „mein Herr“ bedeutet.
Martin Luther hat die Anrede „HERR“ ja durchgehend für den unaussprechlichen Gottesnamen eingesetzt.

Als unser Herr, unser Hüter, unser Tilger von Sünde, Schuld und Verfehlung ist Gott mit uns und an unserer Seite, liebe Gemeinde.

Doch er ist nicht nur der kindlich-harmlose „liebe Gott“.
Nein, Gott – so verdeutlichen die Verfasser des Textes - nimmt uns als erwachsenes Gegenüber ernst und in die Verantwortung: *Straffrei lässt er, doch frei lässt er nicht, fordert Rechenschaft für die Schuld der Eltern an Kindern und Kindeskindern bis zur dritten und vierten Generation.*

Was immer wir tun, es hat Folgen, liebe Gemeinde. Und manchmal zeigt sich eine verheerende Wirkung noch über Generationen hinaus. Kinder baden die Sünden der Elterngeneration aus, Enkel leiden unter den Spätfolgen der Unterlassungssünden ihrer Großeltern.

Gott aber will nicht strafen, sondern heilen. "Heile du mich, Herr, so werde ich heil; hilf du mir, so ist mir geholfen.", lautet unser Wochenspruch aus Jeremia 17,14. Der Name Jesus übrigens bedeutet nichts anderes als dies: „Heiler, Heiland, Retter, Helfer“.

So lade ich Sie abschließend ein, sich einen der schönen Namen Gottes für Ihr eigenes Gebet auszusuchen.
Oder finden Sie selber einen schönen Namen für Gott.
Keine Angst: Gott ist uns freundlich und hat viel Humor. Man kann Gott nur lieben.
Sprechen wir Gott mit dem Namen an, der uns aus dem Herzen kommt. Dann erreichen wir damit auch Gottes Herz.

Predigt zu 2. Kön 5,9-15.19

gehalten am 2. Sonntag nach Epiphanias 2012

Liebe Gemeinde,

Geschichten halten Geschichte lebendig.
Und das Weitererzählen ist selber Ausdruck von Lebendigkeit.
Schon in der Bibel werden Geschichten immer wieder neu und anders erzählt. Die Bibel - eine wahre Schatzgrube voller Lebendigkeit und Lebensweisheit. Manche Erzählstränge erinnern dabei fast ein wenig an die Geschichten aus 1001 Nacht, jene sprichwörtlich gewordene altorientalische Märchensammlung. Sie wird ja einer Frau, der Scheherezade in den Mund gelegt.

Scheherezade ist an den Königshof geholt worden, aber der König will sie umbringen. Da erzählt sie ihm eine spannende Geschichte, die ihn so fesselt, dass er noch mehr davon hören will. Scheherezade erzählt also immer wieder neue spannende Geschichten und der König verschiebt seine Mordabsicht Tag um Tag und Nacht um Nacht. Das Geschichtenerzählen rettet der Prinzessin schließlich das Leben: Nach 1001 Nacht ist der König ganz vernarrt in sie und bittet um ihre Hand.

Aus einer Geschichte sind ganz viele geworden. Wir finden ähnliches auch in den biblischen Schriften und ihrer Wirkungsgeschichte: Denken wir an die Magier aus dem Morgenland, von denen der Evangelist Matthäus erzählt und um die sich bis zum heutigen Tag immer neue Legenden und Erzählungen ranken.

Ja, viele biblische Geschichten sind richtig spannend und gut geschrieben und regen die Phantasie an. Da waren Dichter am Werk, die ihr Handwerk verstanden. Meistererzähler, die mit Witz und Hintersinn die Worte zu setzen wussten.

Wir hören heute ein Beispiel. Die Predigtgeschichte stammt aus einer Sammlung von Erzählungen und Legenden, die sich um den Propheten Elija und seinen Schüler und Nachfolger Elischa gerankt haben.

In dieser Zeit – wir befinden uns im 9. Jahrhundert vor Christi Geburt – hatte das Nachbarvolk Syrien, auch Aram genannt – starken Einfluss auf Israel. Der syrische Nationalgott erfreute sich bei vielen Israeliten großer Beliebtheit, einer der Könige Israels hatte sich mit einer syrischen Königstochter verheiratet, sie hatte alle Propheten des Gottes von Israel umbringen lassen, nur die Propheten Elija und Elischa waren dem Gemetzel entronnen und mussten immer wieder auf der Hut sein.

In diese Situation hinein wird nun die folgende Geschichte erzählt, die im 2. Königsbuch im 5. Kapitel nachzulesen ist. (Verlesung)

Liebe Gemeinde, eine wirklich witzige Geschichte: Ständig werden da Machtverhältnisse umgedreht, Erwartungen getäuscht, wird das Große klein und das Kleine groß, der Herr muss gehorchen und der Diener erteilt Befehle, der Sieger wird zum Besiegten und der Verlierer zeigt sich am Ende als der eigentliche Sieger.

Und so geht es die ganze Geschichte hindurch, bis alle Unterschiede zwischen den Menschen eingeebnet scheinen.

Vor einiger Zeit stritt ich mich mit einem Bekannten darüber, ob man wirklich sagen kann, dass vor Gott alle Menschen gleich sind.
Der Bekannte blieb beharrlich: In der Bibel sei dieser Satz nirgendwo zu finden. Ich widersprach vehement, aber leider fiel auch mir spontan keine passende Bibelstelle ein.

Jetzt habe ich einen Beleg gefunden: Es ist kein einzelner Satz, sondern eine Geschichte, die Geschichte von unserem Feldhauptmann Naaman!

Der wird mit lauter Superlativen eingeführt: Ein großer Mann ist er, ein starker Mann, ein geachteter Mann, ein wichtiger Mann, ein erfolgreicher Mann, der beste Freund des Königs und zweitmächtigste Mann im Aramäerland – ein echter Sieger-Typ und Alpha-Mensch.

Und dazu hat er noch einen wunderschönen Namen: Naaman
Das könnte man übersetzen mit „Der Liebreiche“ oder „Glückskind“.
Doch auf all die Superlative folgt ein kleiner Zusatz, im hebräischen Urtext ist es nur ein einziges kleines Wort: aussätzig.

Manchmal genügt nur ganz wenig, um eine glänzende Fassade zum Einsturz zu bringen.
Bei Naaman sind es nicht Flecken auf der weißen Weste.
Es sind Flecken auf der Haut - und damit ist er out.
Ene mene mu, weg vom Fenster bist du!
Aussatz bedeutet den Ausschluss aus der Gesellschaft.

Herumlaufen mit einer hölzernen Klapper und „Aussatz“ „Aussatz“ rufen, damit einem die anderen aus dem Weg gehen und nicht angesteckt werden von der schrecklichen Krankheit…

Erstaunlicherweise lebt Naaman mit seiner Familie immer noch unter einem Dach. Auch die Bediensteten bekommen ihn zu Gesicht.

Ironischerweise ist es eine junge Israelitin, die sich Sorgen um seinen Gesundheitszustand macht. Kriegsbeute ist sie, die ins fremde Aram verschleppt wurde. Ihren Namen erfahren wir nicht, sie wird einfach als „kleines Mädchen" bezeichnet, ein „junges Ding" könnte man hier auch treffend übersetzen, denn wie ein Ding wurde sie auf dem Sklavenmarkt in Damaskus verscherbelt.

Eigentlich müsste die junge Frau doch allen Grund haben, ihrem Sklavenherrn nicht nur die Lepra sondern dazu auch noch Pest und Cholera an den Hals zu wünschen. Stattdessen überlegt sie, wo er Heilung finden könnte und spricht Naamans Frau deswegen an: In ihrer Heimat Israel gibt es so einen Propheten, der schon Wunder vollbracht hat.

Wiederum werden wir in Staunen versetzt: Offenbar hat Naaman das Gespräch der Frauen belauscht und eilt stehenden Fußes zu seinem Chef, dem König von Aram, um seine baldige Abreise nach Israel mit ihm zu besprechen. Der Bezwinger Israels hört auf die Worte eines kleinen israelitischen Mädchens!

Er, der mit reicher Beute heimgekehrt war, zieht nun denselben Weg zurück ins Feindesland, zehn Zentner Silber, sechstausend Goldgulden und zehn Feierkleider im Gepäck als Geschenk für den besiegten König Israels! Verkehrte Welt, möchte man meinen.

Und einen verkehrten Weg nimmt der arme Mann auch noch.

Und da macht er ironischerweise denselben Fehler wie Jahrhunderte später einige Weise aus dem Morgenland, die nach Jerusalem marschieren, in der Hoffnung, dort einen neugeborenen Heilskönig zu finden. Sie finden stattdessen einen Unheilskönig namens Herodes und merken schnell, dass sie an der falschen Adresse gelandet sind.

Auch der brave Naaman steuert zielstrebig die falsche Adresse an und landet am Königshof in Samaria. Auch dort findet er keinen Heilskönig, der von Krankheiten befreien kann. Ja, dem Naaman selber droht Unheil, als der König den Besuch als Provokation und erneute Kriegserklärung missdeutet und sich auch von den protzigen Mitbringseln nicht beeindrucken lässt.

Hatte Naaman zuvor *gehört*, was die Frauen gesprochen hatten, so *hört* nun der Prophet Elischa, was am Königshof geschehen ist.
Die Rettung für Naaman naht. Doch der kapiert es noch nicht, fühlt sich nun seinerseits provoziert durch die Art und Weise, wie ihm die Rettung angeboten wird.

Er, der zweite Mann des Königs von Aram, soll der Anweisung eines israelitischen Dienstboten folgen! Der Herr Prophet lässt ihn vor der Tür stehen und ist sich zu fein, ihm ins Gesicht zu sagen, was er tun soll! Unerhört!
Anmerkung in Klammern: Hatte er nicht anfangs ohne zu zögern den Worten eines israelitischen Dienstmädchens Folge geleistet?

Dann soll er auch noch in den Jordan steigen! Soll er – der siegreiche Feldherr - sich hier etwa vor aller Augen entblößen und im feindlichen Gewässer Baden gehen? Nein, das ist zu viel verlangt!

Anmerkung in Klammern: In einer der alten Ursprachen (Griechisch) steht an dieser Stelle ein Wort, das Taufe bedeutet (baptizein). Es ist die einzige Stelle im Alten Testament, wo sich dieses Wort findet!

Naamans Geduld ist zunächst am Ende. Zum zweiten Mal ergreift er die Zügel seines Rosses und will nur noch eines: Weg von hier wo die Welt Kopf zu stehen scheint.

Ach ja, der große Mann und die kleinen Leute!
Wie gut, dass es sie gibt, die Kleinen, und dass sie die Großen immer wieder einmal auf den Boden zurückzuholen!
Den Dienern Naamans gelingt es, ihn zu überzeugen, dass er doch noch einmal von seinem hohen Ross herabsteigen möge.

Bemerkenswerterweise hört der hohe Herr auf seine Diener, - nun ja, er hat ja auch schon ein wenig Übung darin.
Und siehe da, es dient ihm zum Heil und zur Heilung!
Siebenmal taucht Naaman in die Wellen des Jordanflusses und steigt nach seiner erstaunlichen Taufe mit heiler Haut aus der Flut.

Der Aussatz ist weg, aller Schmutz und alle Unreinheit gleich mit abgewaschen. Wie ein kleiner Junge habe er da ausgesehen, erzählt uns die Geschichte. Hatte nicht ein kleines Mädchen ihn auf den Weg der Heilung gebracht? Und will man sich noch wundern, dass der Gott des kleinen Mädchens am Ende auch sein Gott geworden ist?

„Wenn ihr nicht werdet wie die Kinder, könnt ihr das Himmelreich nicht ererben", sagt Jesus einmal.

Ja, vor Gott sind alle Menschen gleich, wir alle sind geliebte Kinder Gottes ohne Unterschied und ohne eigenes Verdienst. Erzählen wir es uns immer wieder neu in kindlichem Staunen und Vertrauen.

Predigt zu Micha 4,1-4

gehalten am Drittletzten Sonntag im Kirchenjahr 2014

Liebe Gemeinde,

am frühen Abend des 9. November 1989 kurz vor 19:00 Uhr gab der ZK-Sekretär Günter Schabowski vor den Ohren einer überraschten Journalistenschar eine Erklärung ab, die die Welt verändern sollte. In der Tagesschau der ARD wurde kurz darauf vermeldet: „DDR öffnet die Grenze".

Ost-Berliner machten sich umgehend auf den Weg zu den Grenzübergängen. Um 21.20 Uhr durften am Grenzübergang Bornholmer Straße die ersten DDR-Bürger nach West-Berlin ausreisen.
Kurz vor Mitternacht war der Ansturm der Menschen so groß geworden, dass die Grenzsoldaten sich keinen Rat mehr wussten und kurzerhand die Schlagbäume öffneten.

Ungefähr zwei Wochen später wurde auch das Brandenburger Tor geöffnet. Kamerateams aus aller Welt übertrugen die Bilder von lachenden und vor Glück weinenden Menschen in aller Herren Länder rund um den Globus.

Ich habe damals im Fernsehen Ausschau gehalten, ob ich meinen Freund Micha unter den Jubelnden entdecke. Ich hatte Micha 7 Jahre zuvor in Ostberlin getroffen. Wir waren uns als Brieffreunde vermittelt worden.
Micha war in der Friedensbewegung der DDR engagiert, ich selber arbeitete beim Heidelberger Friedensforum mit. Wir strebten ein breites Bündnis über die Grenzen von Parteien und Konfessionen hinweg an, vernetzten uns mit Gruppen in anderen europäischen Ländern und suchten auch Kontakt zu Friedensgruppen auf der anderen Seite des eisernen Vorhangs.

Micha gehörte zu den Mutigen, die Verbindung zu uns aufnahmen. So besuchte ich ihn im Herbst des Jahres 1982 in Ostberlin. Wir trafen uns auf dem Alexanderplatz und Micha schlug vor, dass wir im Restaurant oben im Fernsehturm einen Tee trinken, denn, so sagte er: „Da oben gibt es nach meinem Wissen keine Wanzen". Das heißt, man konnte dort offen reden ohne befürchten zu müssen, dass ein Mikrofon in der Blumenvase jedes Wort aufnimmt.

Micha trug eine beige Cordjacke und ausgeblichene Jeans. Er begann gleich zu erzählen: „Ich werde wegen meiner Kleidung öfters von der Polizei angehalten, einmal musste ich sogar mit auf´s Revier."
Als ich erstaunt an ihm hoch und runter sah, zeigte er mir einen Aufnäher an seinem Jackenärmel: Ein rundes Emblem mit einem Mann, der ein Schwert mit einem Hammer platt macht.
„Schwerter zu Pflugscharen" stand um das Emblem herum und etwas kleiner am Rand auch noch Micha 4.

„Die Vopos haben etwas gegen diesen Aufnäher", erläuterte mein Brieffreund. „Sie meinen, ich übe damit Kritik an der Friedenspolitik der DDR. Ich sage denen dann immer, dass ich das doch nur trage, weil ich selber Micha heiße. Da machen die dann immer große Augen."

Ich weiß leider nicht, was aus Micha geworden ist. Irgendwann kam keine Antwort mehr auf meine Briefe. Er sagte mir damals auch noch: „Viele meiner Freunde wollen ja in den Westen. Bei mir ist das anders. Mir bedeuten Luxus und Wohlstand nicht so viel. Aber hier in meinem Land, da will ich was verändern."

„Befreit zum Widerstehen"!

An die Veränderungen, die sich nur 7 Jahre später ergeben sollten, hätte Micha damals wohl im Traum nicht gedacht.

Liebe Gemeinde, Wunder gibt es immer wieder – viele haben den Fall der Mauer als ein Wunder betrachtet. Auf jeden Fall wurde für viele Menschen ein lange gehegter Traum wahr.

Wie ein Traum klingt auch, was der Prophet Micha uns heute Morgen zu Gehör bringt. Es sind die Worte, die mein Brieffreund Micha auf seinem Ärmel stehen hatte. Hören wir sie im ganzen Zusammenhang.

Ich lese aus dem Buch des Propheten Micha die Anfangsverse von Kapitel 4. (Lesung)

„Schwerter zu Pflugscharen“ – ein zur Redewendung gewordenes Bibelzitat, ein geflügeltes Wort.

Der sowjetische Künstler Jewgeni Wiktorowitsch Wutschetitsch hat es 1959 in jene Bronzeskulptur umgesetzt, die dann zum Wahrzeichen der Friedensbewegung in der DDR wurde.
Die Skulptur ist heute im Garten des UNO-Hauptgebäudes in New York City zu finden. Ein Geschenk der damaligen Sowjetunion.
Ein muskelbepackter Held der Arbeit schmiedet ein Schwert zu einem Pflug um. Die Schöpferkraft des arbeitenden Menschen soll darin zum Ausdruck gebracht werden.

Der Künstler hat etwas Richtiges erkannt:
Wer Arbeit hat, wer seine Kraft kreativ ausleben kann und darf, wer seinen Lebensunterhalt mit seiner eigenen Hände Arbeit verdient und die Früchte

seines Tuns genießen darf, der ist mit Sicherheit stärker am Frieden interessiert, als einer, der für sich keine Zukunft sieht, Mangel leidet, unterdrückt und ausgegrenzt ist oder schlichtweg chancenlos dasteht.

All die jungen Leute die zurzeit aus friedliebenden europäischen Ländern abhauen und sich in Syrien oder im Irak den Terrortruppen der IS anschließen, - sie kommen in der Regel von den Rändern der Wohlstandsgesellschaft, finden keinen Ausbildungsplatz, bekommen keine Arbeitsstelle und keine Aufmerksamkeit für ihre Probleme.

Was überhaupt gar nichts entschuldigt, aber manches erklärt.
Wer sich ohnmächtig und fortwährend nur gedemütigt fühlt, schlägt schneller mal zu als ein Mensch, der mit sich und seinem Leben zufrieden ist.

Wer sich immer nur auf der Seite der Verlierer sieht ohne Hoffnung auf Veränderung seiner Lage, der verspürt eher den Drang, auf vermeintlich noch Schwächere einzuprügeln. Ein Paradebeispiel hierfür sind Neonazi-Horden und Hooligans.

Micha, der Prophet, wird nicht müde, die Arroganz und Selbstsucht der Mächtigen und Reichen anzuklagen, die die kleinen Leute in den Ruin treiben: *Sie reißen Äcker an sich und nehmen Häuser, wie sie's gelüstet. So treiben sie Gewalt mit eines jeden Hause und mit eines jeden Erbe.*

Die Strafe wird nicht ausbleiben, wer Gewalt sät, erntet Gewalt, dessen ist sich der Prophet sicher: *Darum wird Zion um euretwillen wie ein Acker gepflügt werden, und Jerusalem wird zu Steinhaufen werden und der Berg des Tempels zu einer Höhe wilden Gestrüpps.*

Fremde Völker werden kommen – das meint der Prophet damit – sie werden aller selbstherrlichen Ignoranz ein Ende bereiten.
Die Assyrer stehen schon vor der Tür (eine militärisch hochgerüstete und höchst brutale Großmacht. Heute befindet sich auf demselben Territorium der Irak).
Doch die Assyrer werden Jerusalem noch nicht zerstören und Michas Drohung hat ihre Wirkung zu seiner Zeit offenbar nicht verfehlt.

Davon gibt uns der Prophet Jeremia Kunde.
Jeremia klagt genauso wie Micha die Reichen und Mächtigen an.
Ihn will man dafür zum Tode verurteilen. Doch im entscheidenden Augenblick erscheinen die Ältesten des Landes und erzählen vom Propheten Micha. Sie haben ihn noch erlebt. Er führte wie Jeremia Klage gegen die Machthaber und drohte Unheil an, aber man ließ ihn leben. Und nicht nur das: Das Königshaus hörte auf den Propheten, wandelte seinen Sinn und das angedrohte Gottesgericht blieb aus (Jeremia 26,17-19).

Wunder gibt es immer wieder…

„Befreit zum Widerstehen“ – das Motto der diesjährigen Friedensdekade kommt mir da in Erinnerung.

Ja, es braucht Mutige, die den Mund aufmachen und der Arroganz der Macht entgegenschleudern „Wir sind das Volk“.
Es braucht furchtlose Menschen, die Unrecht beim Namen nennen, selbst wenn sie sich in Gefahr bringen damit.

Bei Micha folgt auf die Drohworte unvermittelt eine völlig andere Ansage. Wir haben sie in unserem Predigttext gehört. Eine Heilsansage:

Der Berg mit dem Haus des Herrn steht fest gegründet als höchster der Berge; er überragt alle Hügel. Zu ihm strömen die Völker. Viele Nationen machen sich auf den Weg.

Die Völker und Nationen kommen in friedlicher Absicht: *Dann schmieden sie Pflugscharen aus ihren Schwertern und Winzermesser aus ihren Lanzen. Man zieht nicht mehr das Schwert, Volk gegen Volk, und übt nicht mehr für den Krieg.*

Waffen werden also umgeschmiedet und in nützliche Arbeitswerkzeuge verwandelt: Aus Schwertern sollen Pflugscharen geschmiedet werden, aus Lanzen Winzermesser. So kann der Ackerboden bereitet, Getreide angepflanzt und können Weinberge kultiviert werden.

Brot und Wein, Grundnahrungsmittel und Genussmittel.
Lebensmittel zur Erhaltung der Gesundheit und der Lebensfreude.
Brot und Wein – Symbol auch für den Frieden zwischen Gott und Mensch, Elemente des Heiligen Abendmahls in denen sich Christus gibt zum Zeichen der Versöhnung, die uns Gott immer wieder anbietet.

Denn Wunder gibt es immer wieder. Auch das Wunder der Versöhnung zwischen Völkern, zwischen Mensch und Mensch oder zwischen Mensch und Gott. Schwerter zu Pflugscharen, Lanzen zu Winzermessern – Frieden oder Gewalt: Wir haben die Wahl, auch jede und jeder für sich ganz persönlich.

Und dazu möchte ich abschließend noch eine kleine Lehrgeschichte erzählen.

Eines Abends erzählte ein alter Cherokee-Indianer seinem Enkelsohn am Lagerfeuer von einem Kampf, der in jedem Menschen tobt. Er sagte: „Mein Sohn, der Kampf wird von zwei Wölfen ausgefochten, die in jedem von uns wohnen." Einer ist böse. Er ist der Zorn, der Neid, die Eifersucht, die Sorgen, der Schmerz, die Gier, die Arroganz, das Selbstmitleid, die Schuld, die Vorurteile, die Minderwertigkeitsgefühle, die Lügen, der falsche Stolz und das Ego. Der andere ist gut. Er ist die Freude, der Friede, die Liebe, die Hoffnung, die Heiterkeit, die Demut, die Güte, das Wohlwollen, die Zuneigung, die Großzügigkeit, die Aufrichtigkeit, das Mitgefühl und der Glaube. Der Enkel dachte einige Zeit über die Worte seines Großvaters nach, und fragte dann: Welcher der beiden Wölfe gewinnt? Der alte Cherokee antwortete: „Der, den du fütterst."

Predigt zu Matthäus 5,33-37
gehalten am 23. Trinitatis 2013

Liebe Gemeinde,

falsche Eide, gebrochene Ehrenworte, Beschwörungen und Beteuerungen haben wir in den Nachrichten der letzten Wochen mehr als genug zu hören bekommen.

Um gleich ein aktuelles Thema aufzugreifen:
Hat der amerikanische Präsident nun gelogen oder nicht?
Hat er schon seit Jahren gewusst, dass sein Geheimdienst unsere Bundeskanzlerin ausspioniert?
Eine Boulevard-Zeitung posaunte als erste hinaus: Ja, er hatte natürlich genaue Kenntnis.
Stimmt gar nicht, beteuerte dagegen der zuständige Geheimdienstchef aber stellte sich schützend vor sein Staatsoberhaupt.

Hm, wem sollen wir nun glauben?
Und: Kann man Politikern und Machthabern überhaupt glauben?

Freilich, selbst in der Kirche nehmen es manche mit dem Ja ja oder Nein, nein nicht so genau, wie dieser Tage zu vernehmen.
Selbst ein hochrangiger Bischof gerät da plötzlich in die Schlagzeilen und kommt in Erklärungsnot.
Derweil nutzen Kirchenmitglieder gleich welcher Konfession die Gelegenheit zum vermutlich schon länger erwogenen Austritt aus der Glaubensgemeinschaft.

Da hat man doch eine gute Ausrede und kann mit der eingesparten Kirchensteuer das eigene Häuschen ein bisschen zu verhübschen…
Auch mit der Glaub-Würdigkeit der kleinen Leute steht es nicht immer zum Besten…

Ein kluger Politiker, der in die Schusslinie geraten war, baute gleich vor und bekannte mutig: „Ich habe mich geirrt, aber gelogen habe ich nicht.“ Wir wollen es ihm glauben.

Freilich, noch die alten Griechen kannten für Lüge und Irrtum nur ein einziges Wort: Pseudo = Täuschung.

Pseudo – auch wir benutzen dieses Wort
Pseudo ist alles, was haarscharf an der Wahrheit vorbeigeht
Pseudo ist die Vortäuschung von schönem Schein, hinter dem ein Lügengebäude steckt
Pseudo – das ist Schaumschlägerei und Augenwischerei
Ja, ja, sagt man da und meint eigentlich *Naja,* will sagen *eher nein…*

Jesus aber fordert: *Eure Rede sei Ja, ja oder Nein, nein, was darüber ist, das ist vom Übel.*

Das klingt ganz einfach.
Aber ist es das wirklich?

In einem Hollywoodfilm aus dem Jahr 1997 wird diese Frage aufgegriffen: Ist es möglich, immer und zu allem klare Ansagen zu machen und jegliches Drumrumgeschwätz zu vermeiden?

Der Titel des Films lautet „Der Dummschwätzer“ auf amerikanisch „Liar, liar“ also besser übersetzt mit „Lügner, Lügner“.

Worum geht es?
Ein Kind wünscht sich beim Kerzenausblasen an seinem 10ten Geburtstag, dass sein Vater 24 Stunden lang nicht lügen kann.
Der Junge hat die leidvolle Erfahrung gemacht, dass auf das Wort des Vaters zu selten Verlass ist.

Der Wunsch des Sohnes erfüllt sich tatsächlich und der Vater, im Berufsleben ein erfolgreicher Rechtsanwalt, ist einen kompletten Tag lang nicht in der Lage, die Unwahrheit zu sagen.
Doch die außergewöhnliche Ehrlichkeit hat fatale Folgen:
Der Vater verliert seinen Job und landet sogar kurzzeitig im Gefängnis, weil sich jemand beleidigt fühlt.

So macht der Film deutlich, dass die Wahrheit nicht immer und in jedem Fall hilfreich ist und allzu große Ehrlichkeit manchmal sogar schaden kann.

Und da muss man keineswegs gleich an schlimmste Verhältnisse wie Diktaturen, Abhördienste, Enthüllungsjournalismus oder dergleichen denken.

Schon im Kleinen und Privaten kann man sich höchst unbeliebt machen, wenn man jedem seine Meinung an den Kopf wirft und nie für sich behalten kann, was man über andere denkt.
Dagegen vermag ein Kompliment, auch wenn es noch so schwer über die Lippen kommt, manches Herz zu öffnen.

Nun rät uns Jesus auch nicht, ohne Rücksicht auf Verluste mit der Tür ins Haus zu fallen. Er mahnt vielmehr, bedachtsam und ruhig etwas sparsamer mit Worten umzugehen.

Ein Ja darf dann aber auch mit Nachdruck wiederholt, ein Nein ebenso klar unterstrichen werden.

Aber, liebe Gemeinde, da drängt sich mir die Frage auf: Ist es im Leben denn wirklich so, dass die Dinge immer klar auf der Hand liegen. Und kann Klartext reden, nicht manchmal auch heißen, dass ich Zweifel und Ungewissheit eingestehe?

Und wie ist das, wenn ich zu anderen und neuen Einsichten komme und meine Meinung ändern muss? Will Jesus das etwa verbieten?

Schauen wir dazu in die Evangelien!
Da lesen wir – vielleicht mit Erstaunen – dass Jesus selber durchaus mal seine Meinung ändert, aus einem Nein gelegentlich doch noch ein Ja macht und umgekehrt.

Ich denke da beispielsweise an die Geschichte der syrophönizischen Frau, die bei Matthäus (15,21ff) erzählt wird. Sie bittet Jesus um die Heilung ihrer Tochter. Doch Jesus verhält sich abweisend. „Ich bin nur zu den Kindern Israels gesandt", lässt er die Frau wissen. Doch die schafft es, Jesus umzustimmen. Er nimmt sein Nein zurück und heilt das Mädchen.

Auch Gott lässt sich immer wieder umstimmen, wie vielfach in der Bibel bezeugt. Lesen sie nur einmal die märchenhafte Geschichte von Jona und dem großen Fisch. Der ärgert sich am Ende grün und blau, weil Gott seine

Meinung ändert, gnädig und barmherzig ist und die böse Stadt Ninive doch nicht im Strafgericht untergehen lässt, wie prophezeit und von Jona widerwillig angekündigt.

Gott lässt mit sich handeln, Jesus lässt sich umstimmen – liebe Gemeinde, wollen wir da selbstgerecht auf dem Standpunkt beharren auch Politiker dürfen immer nur Ja, ja oder Nein, nein sagen? Sind sie nicht fehlbare Menschen wie wir alle?

Politikerschelte ist immer wohlfeil, aber wir, die wir nicht Tag für Tag Entscheidungen von teils unüberschaubarer Reichweite fällen müssen, haben da gut reden.

Eure Rede sei Ja, ja oder Nein, nein – Verlässlichkeit ist immer wünschens- und erstrebenswert.
Dazulernen und Fehler oder Irrtümer ehrlich einzugestehen ist genauso erlaubt und unverzichtbar.
Prinzipienreiterei und Sturheit hingegen sind sicher nicht das, was Jesus uns nahe legen will.
Auch der gerne zitierte Konrad Adenauer sagte bekanntlich nicht nur:
"Was kümmert mich mein Geschwätz von gestern“. Er fügt im selben Atemzug hinzu: „nichts hindert mich, weiser zu werden."

Betrachten wir unseren Predigttext nun noch einmal genauer, dann fällt auf, dass in den Worten Jesu noch eine weitere Zuspitzung liegt.
Jesus erinnert – ohne es wörtlich zu zitieren - an das zweite Gebot:
„Du sollst den Namen Gottes nicht missbrauchen.“

Nicht nur zu Jesu Zeiten – auch schon davor und nicht weniger danach wurde und wird dieses Gebot missachtet.

War es zurzeit Jesu das orientalische Temperament, das da manchmal durchging, so ist es heute Teil der Folklore oder einfach eine Unkultur, genährt durch Medien und Filme.

Aus einem Bericht über das Oktoberfest in München erfuhr ich zum Beispiel von dem königlich-bayerischen Schimpfwortlexikon, in dem offenbar nichts im Himmel und auf Erden heilig und unantastbar bleibt. Aber ich bin zu wenig vertraut mit bayrischer Frömmigkeitskultur um mir ein Urteil darüber erlauben zu können.

Einem bundesländerübergreifender Missbrauch des heiligen Namens Gott hingegen begegne ich tagtäglich: Ich meine den Ausruf: „Oh my God“, deutsch: „O mein Gott!“ populär geworden durch amerikanische Filme und Musiksender.

Ein Pseudo-Glaubensbekenntnis, wenn ich den Ausdruck noch einmal aufgreifen darf. Und vor Pseudo-Frömmigkeit will Jesus immer wieder warnen, auch heute in unserem Predigttext aus dem Matthäusevangelium.

Auf den Anruf „Oh mein Gott!“ kann nur die automatisierte Ansage kommen: “Kein Anschluss unter dieser Nummer!“

Wie wird Glaube echt, wie wird das Beten glaubwürdig, auch für Gott?
Wie komme ich zu einer ehrlichen Glaubenssprache, die nicht „pseudo“ ist?

Ich möchte ein Beispiel geben mit einem Gebet, das mich in meiner Jugend einmal sehr angerührt und meinen Glauben damals neu geweckt und gestärkt hat.
Ich zitiere aus einem Gebet des französischen Arbeiterpriesters Michel Quoist, der sein Christsein übrigens sehr authentisch und überzeugend gelebt hat. Er starb 1997 in LeHavre.
Die Gebete von Michel Quoist sind veröffentlicht worden in einem Büchlein mit dem Titel „Herr, da bin ich“ *(Graz 1997, 157f)* – übrigens ein wunderbare Zusammenfassung, wie ich finde, für das Anliegen Jesu im heutigen Predigttext. Herr, da bin ich.

Und so betet Michel Quoist:

Herr, du hast mich ergriffen und ich konnte Dir nicht widerstehen.
Ich bin weit gelaufen, aber Du hast mich verfolgt.
Ich habe Umwege gemacht, aber Du hast sie erkannt.
Du hast mich wieder getroffen.
Ich habe mich gesträubt. Du hast gewonnen.
Herr, da bin ich, ich habe ja gesagt, atemlos, abgekämpft, fast trotz meiner selbst…
Ich weiß nicht mehr, ob man sich anstrengen muss, um beten zu können.
Es genügt die Augen meiner Seele zu Dir zu erheben, um Deinem Blick zu begegnen.
Und wir verstehen uns.
Alles ist klar.
Alles ist Friede.

Predigt zu Matthäus 9,9-13
gehalten am Sonntag Septuagesimae 2013

Liebe Gemeinde,

Ohne Worte, ohne Frage steht der Mann auf und geht mit.
Als hätte er nur darauf gewartet.
Als wäre er längst bereit dazu gewesen.
Wohin soll er folgen?
Das ist egal.
Er folgt Jesus.
Das genügt.
Er kommt nach Hause.
Mit Jesus.
Da gibt es ein Fest.
Andere kommen dazu, feiern mit.
Wenn Jesus in ein Leben kommt, dann ist das ein Fest.
Matthäus heißt der Mann, zu dem Jesus sagt:
Mir nach
Folge mir
Komm mit.

Matthäus heißt er, wie derjenige, der die Geschichte für uns aufgeschrieben hat, Matthäus - wie der Evangelist.
„Geschenk Gottes“ bedeutet dieser Name „Matthäus“.

Aber wir finden die Geschichte des Matthäus nicht nur bei Matthäus. Auch die Evangelisten Markus und Lukas kennen sie und erzählen sie in fast den gleichen Worten.

Sie erzählen dieselbe Begebenheit und haben sie wahrscheinlich von anderen erzählt bekommen.

Es spricht sich ja herum, erregt Aufmerksamkeit, ist bleibendes Gesprächsthema, brennt sich selbst den Nachgeborenen ins Gedächtnis ein: Wie da Jesus eines Tages an einer Zollstation aufgetaucht ist, den Mann nur angesehen hat, nur zwei Worte gesprochen hat - Folge mir - und der Mann hat alles stehen und liegen lassen und ist hinter Jesus hergelaufen.

Bei Markus und Lukas heißt der Mann, der Jesus folgt, allerdings Levi und Markus kennt sogar den Namen des Vaters: Alphäus heißt der (Mk 2,14).

Bei Matthäus wird aus Levi „Matthäus“.
Ist das ein Versehen?
Oder hatte der Mann zwei Namen?
Wir kennen andere Männer, die einen neuen Namen bekommen:
Aus Simon wird Petrus, aus Saulus wird Paulus, aus Jesus der Christus.

Matthäus heißt „Geschenk Gottes“, der Name Levi bedeutet vielleicht so etwas wie „anhänglich“ oder „verbunden“.
Aber die Namensdoppelung Levi-Matthäus gibt es sonst an keiner Stelle im Neuen Testament.
(Und Lothar Matthäus kommt in der Bibel erst recht nicht vor.)

Ein ganz anderer Gedanke lässt mich nicht los:
Vielleicht wählt der Evangelist Matthäus die Namensbezeichnung Matthäus ja ganz bewusst und gerade weil er selber so heißt.
Vielleicht hat er ja gedacht:
Dieser Mann, der hätte auch ich selber sein können.

Der ist wie ich.

Ja, dieser Mann da am Zoll, der könnte doch jeder von uns sein:

Einer, der so völlig im Materiellen verfangen ist und doch diese Sehnsucht in sich spürt nach etwas ganz Anderem.

Einer, der ahnt, dass es da noch etwas gibt, was den ganzen Einsatz lohnt – und der doch nicht genau weiß, was es ist, wo er es finden kann, wie er dahin kommt.

Einer, der heraus will aus seiner Haut und es bisher doch nicht geschafft hat.

Einer, der sich alleine fühlt und sich danach sehnt, angenommen zu sein und dazu zu gehören.

Einer, der sich nichts dringlicher wünscht, als dass ihn mal einer freundlich ansieht.

Und dann steht Jesus plötzlich vor ihm, Jesus sieht ihn voller Liebe an und sagt einfach nur: Folge mir!
Und was folgt ist ein Fest, ist das Fest des Lebens.

Vielleicht hat der Evangelist Matthäus, als er die Geschichte hörte, bei sich gedacht: Genau das könnte auch meine Geschichte sein.

Könnte es auch meine Geschichte sein?
Stellen wir uns ruhig einmal dieser Frage:
Könnte ich eine der Personen in dieser Geschichte selber sein?

Aber schauen wir noch einmal genauer hin, wer sich da sonst noch so tummelt: Es sind ja noch mehr, die da mitspielen.

Da stehen zum Beispiel welche vor der Tür, als das Fest gerade am schönsten ist.
Die beobachten mit scheelen Blicken, was da vor sich geht und machen sich ihren eigenen Reim darauf:
Aha, Jesus in schlechter Gesellschaft!

Jesus beim fröhlichen Essen und Trinken mit Leuten aus dem Halblicht-Milieu, mit Halsabschneidern wie diesem Zöllner, mit sozialen Randsiedlern aller Art.
Keine feinen Leute, die sich da versammelt haben.
Und Jesus mitten drin.

Würde uns das heute etwa nicht schockieren?
Stellen wir uns vor, die säßen plötzlich alle hier, mitten unter uns?
Frauen mit Vergangenheit und Männer ohne Zukunft, Finanzjongleure und kleine Trickbetrüger
Schulschwänzer, Gamer und Zocker
Skinheads und Hooligans bzw. solche, die es einmal gewesen sind....

Keine gemütliche Vorstellung, oder?
Freilich, die unfeinen Leute, mit denen Jesus sich umgibt, haben ihr unfeines Leben ja gerade hinter sich gelassen, haben auf jeden Fall den festen Vorsatz gefasst, aufzuhören damit.

Jesus setzt sich mit ihnen an einen Tisch und schenkt reinen Wein ein. Und Jesus nährt die Hoffnung, dass es klappen könnte mit einem Neuanfang.

Jesus feiert schon jetzt mit ihnen den Sieg über den inneren Schweinehund. Das ist schon die halbe Miete.

Draußen steht die feine Gesellschaft und will es nicht glauben.
Draußen stehen die „Guten“ und fühlen sich außen vor.
Warum stellt sich Jesus nicht zu ihnen?

Warum klopft Jesus nicht mal den anständigen Bürgern auf die Schulter? „Gut so, mein Freund, solche Leute wie dich brauchen wir!“ Das täte doch auch einmal gut.

Warum hat Jesus so einen Narren gefressen an den Außenseitern und Ausgegrenzten, den Armen und Kranken, den Zöllnern und Sündern?

„Lieber Gott, mach dass die Bösen gut und die Guten nett werden“, betet die kleine Anna.
Das Kindergebet trifft den Nagel auf den Kopf.
„Lieber Gott, mach dass die Bösen gut und die Guten nett werden“,

Beiden gilt die Aufmerksamkeit Jesu: den Bösen und denen, die schlecht dran sind und den Guten, die es manchmal noch üben müssen nicht nur gut, sondern auch nett zu sein.

Denn Barmherzigkeit und Liebe will Gott und nicht nur Pflichtbewusstsein und Opferbereitschaft, Tugend und Selbstdisziplin, Law and Order.

Der Evangelist Matthäus zitiert den Propheten Hosea, der wiederum Gott seine Stimme leiht *(6,6):*
»Ich habe Wohlgefallen an Barmherzigkeit und nicht am Opfer.«

Das Neue Testament gibt dem Alten Testament Recht:
Gott ändert sich nicht, aber der Mensch muss sich ändern, der vermeintlich gute Mensch genauso wie der richtig böse, der vermeintlich böse genauso wie der richtig gute.

Wir alle brauchen Gottes Gnade, immerzu und allezeit.
In Christus schaut uns Gott freundlich an und ruft uns zu: Folge mir!
Jeden Tag auf´s Neue und jeden Morgen neu.
Liebe Gemeinde, durch alle Zeiten haben sich Menschen in dem Zöllner Levi - oder bei Matthäus eben Matthäus - wiedererkannt.

Er ist ja eben nicht nur ein Zolleinnehmer, ein Angehöriger einer bestimmten, nicht besonders beliebten Berufsgruppe.

Er ist auch der Kranke, der den Arzt Jesus braucht.
Er ist der Sünder, der irrende, der verlorene Mensch, der seinen Weg sucht.
Er ist der Mann, sie ist die Frau, die sich nach Licht sehnen und nach Wärme und Ansehen, freundlichem Angesehenwerden.

Der italienische Künstler Michelangelo Caravaggio hat Matthäus gemalt, wie ihn der Lichtstrahl Jesu trifft. Caravaggio hat dazu auf seinem Bild fünf Männer an einen Tisch gesetzt, sie sind gekleidet, wie es der Mode an der Wende vom 16. zum 17. Jahrhundert entsprach.

Sie sitzen um einen Spieltisch und zählen gerade ihr Geld, zwei alte Männer, zwei Jugendliche und einer, der sich vornüber beugt und Jesus gar nicht anschauen mag.

Ein älterer bärtiger Mann weist mit dem Zeigefinger auf sich und gleichzeitig auf diesen, sich wegduckenden Mann.
„Meinst du mich, Jesus? Aber was ist mit dem da, der so tut, als ob er dich gar nicht sieht?“

Die beiden Jugendlichen sitzen direkt vor Jesus, schauen ihn an, neugierig und wie auf dem Sprung der eine, skeptisch distanziert der andere: Wer ist dieser Typ, dieser Jesus, was will der hier bei uns in unserer Welt? Was hat der hier zu suchen?

Doch einige der Männer werden vom Licht erfasst, einer wird vom Licht des Christus ergriffen, Jesu Hand weist unbestimmt in seine Richtung, zeigt aber auch auf die Anderen:
Seht ihr das Licht, hört ihr meine Stimme?
Und einer sieht und hört und steht auf und folgt ihm.
Und was folgt, ist ein fröhliches Fest.

Das Bild des Caravaggio löste damals in Rom Unmut aus.
So wie Jesus Unmut auslöste, als er ausgerechnet Leute wie den Levi berief, den Matthäus Matthäus nennt.

Die Männer auf dem Bild des Caravaggio waren stadtbekannt, man wusste, wer sie waren, wie sie hießen, was sie zum Teil auf dem Kerbholz hatten. Jetzt sah man sie da zusammen mit Jesus auf diesem Bild verewigt. Ein Skandal! Wie konnte der Maler ausgerechnet diese halbseidenen Typen als Models für sein Heiligenbild nehmen?

Wer säße heute im Bild, liebe Gemeinde? Und wenn die im Bild säßen, die wir dort vermuten wollten, wie würde die „anständige“ Gesellschaft darauf reagieren?

Ein Schriftsteller unserer Tage, Arnold Stadler hat sich das Bild des Caravaggio auch angesehen. Und mit seinem Kommentar dazu will ich meine Predigt beschließen:

„Caravaggio hat den Augenblick gemalt, da Jesus... auf diese Leute... stößt und mit seiner Hand ans andere Ende des Tisches zeigt. Dort sitzt einer vor seinem Geldhaufen und duckt sich wie ein Schüler in der Schulbank. Hoffentlich übersieht er mich... Aber vielleicht ist der auch nur müde. Das Leben ist anstrengend. Aber diese Hand ist geradewegs gegen ihn hin ausgestreckt: Komm her du... „Schwein“ sagt er aber nicht. Deinetwegen bin ich hierhergekommen. Im Gesichtsausdruck Jesu ist nicht eine Spur von Zweifel, dass dies der Richtige ist. Da hebt einer seine Hand, als wäre sie die Hand des Adam aus Michelangelos Sixtinischem Fresko. Und gleichzeitig nimmt sie eine Richtung, als wäre nicht nur der sich irgendwie duckende Matthäus gemeint, sondern jeder, der dieses Bild sieht, als wäre Matthäus nur unser Stellvertreter.“ *(Salvatore, Frankfurt am Main 2008, 200)*

Du bist der Mann, du bist die Frau, folge mir, ich lade Dich ein zum Fest des Lebens!

Predigt zu Lukas 7, 11-17
gehalten am 16. Sonntag nach Trinitatis 2013

Liebe Gemeinde,

es gibt immer ein Davor und ein Danach.
Auch diese Geschichte hat ein Davor und ein Danach:
Aus einer Geschichte von Krankheit, unsäglichem Leid, Not und Tod wird eine Geschichte des Neubeginns, der Heilung, der Rückkehr ins Leben und der unbeschreiblichen Freude.

Eine Mutter, die bereits den Tod ihres Mannes betrauern musste und nun – fast noch schlimmer - auch noch um ihr totes Kind weint, erhält den Sohn lebend von Jesus zurückgeschenkt. Das schlimmste Leid, das einer Mutter widerfahren kann, verkehrt sich in die größte Freude, die nur vorstellbar ist.

Nicht nur dem Sohn wird das Leben wieder geschenkt, auch die Mutter, ja, selbst der Vater erlebt gleichsam eine Rückkehr ins Leben:
Der heranwachsende junge Mann wird die verwitwete Mutter vor dem Absturz in Armut und ins soziale Nichts retten.
Das Andenken des verstorbenen Vaters wird im Sohn weiterleben – ohne Erben zu sterben galt in jener Zeit als Fluch.
In der Generationenfolge glaubte man das eigene Weiterleben gesichert, denn die meisten Menschen nahmen immer noch an, dass mit dem Tod alles aus ist.

Der junge Mann, den Jesus auferweckt, kehrt in das Leben hier und jetzt zurück. Die Menge, die dem Wunder beiwohnt, staunt und fällt in den vielstimmigen Lobpreis Gottes ein, von Schaudern gepackt und ergriffen von tiefer Ehrfurcht.

Die Mutter aber jubelt:

(Kantorin singt) *„Du verwandelst meine Trauer in Freude, du verwandelst meine Ängste in Mut, du verwandelst meine Sorge in Zuversicht, guter Gott, du verwandelst mich."*

So könnte sie gesungen haben, mit Worten, die den Psalmen entnommen sind. Die Melodie stammt freilich aus unserer Zeit.

Und in unsere Zeit hinein will und muss ich diesen Text auslegen.

Was fangen wir also heute mit dieser Geschichte an, liebe Gemeinde?

Fast zweitausend Jahre stehen zwischen dem, was hier erzählt wird, und unserer heutigen Lebenswelt.

2000 Jahre in denen die Welt ihr Gesicht völlig verändert hat, in denen das Denken und auch das Glaubensverständnis anders geworden ist.

Vor über Hundert Jahren fragte sich der Pfarrer Christoph Blumhardt »Wenn man zehntausende an der Cholera Verstorbene in Massengräbern vergräbt, was will man da mit solch einer Geschichte anfangen? Und was erleben wir nicht sonst von Todeselend? Wo ist je ein Toter auferstanden? Was sollen wir also mit dieser Geschichte machen?«

In der Tat, auf das Wunder einer Auferstehung von den Toten zurück in das Hier und Jetzt Hoffnung zu machen, kann nicht Aufgabe des Predigers, der Predigerin sein.

Aber das will unser Predigttext sicher auch nicht: falsche Hoffnungen wecken. Und doch will er Mut machen, an die Verwandlung von Tod in Leben zu glauben.

Liebe Gemeinde,
unsere Predigtgeschichte hat ein Davor und ein Danach.
Auch aus der Zeit vor Jesus hören wir schon, wie Tote auferweckt wurden, wie kinderlose Witwen doch plötzlich wieder auf Unterstützung durch die jüngere Generation rechnen konnten, wie Wunder geschahen, die die Menschen zum Staunen brachten.

Wir erfahren davon im Alten Testament, in der Bibel also, die Jesus kannte und den Menschen auslegte.
Von dem Propheten Elischa wird zum Beispiel im zweiten Königsbuch erzählt, dass er den toten Sohn einer verwitweten Frau wieder zum Leben erweckt.

An diese Begebenheit fühlen sich möglicherweise die Leute erinnert, die nun miterleben, wie Jesus den Jüngling zu Nain wiedererweckt:
„Es ist ein großer Prophet unter uns aufgestanden“, rufen die staunenden Menschen einander zu. Vielleicht ist der Prophet Elija oder sein Nachfolger Elischa wieder gekommen?

„Gott hat sein Volk besucht“, kommentieren andere nachdenklich.

Der Evangelist Lukas schlägt mit seinem Bericht die Brücke zurück zur Vorgeschichte der Geburt Jesu.

„Gelobt sei der Herr, der Gott Israels! Denn er hat besucht und erlöst sein Volk“, so singt der alte Zacharias, Vater Johannes des Täufers. Auch der wird übrigens von vielen für den wiedergekommenen Propheten Elija gehalten.

Gott besucht sein Volk - das kann ja nur Gutes bedeuten, möchten wir meinen. Ich will kurz bei diesem Gedanken verweilen, denn er führt ins tiefer in die Geschichte hinein, als vordergründig zu erkennen ist.
Dazu muss man wissen, dass in dem Wort „besuchen“ noch eine weitere Bedeutung mitschwingen kann. Dies lässt sich erahnen, wenn man den Begriff „besuchen“ gegen „heimsuchen“ austauscht.
In den biblischen Sprachen wird hierfür derselbe Begriff verwendet, im Deutschen haben wir unterschiedliche Ausdrücke.
Eine „Heimsuchung“ nach unserer Vorstellung ist nicht immer etwas Erfreuliches, es ist eher ein unliebsamer Besuch, etwa wenn die „bucklige Verwandtschaft“ plötzlich vor der Tür steht.

Im Alten Testament wird deswegen auch gerne unterschieden zwischen der gnädigen Heimsuchung Gottes und der Heimsuchung, die Härte bedeutet, ja sogar Gericht und Strafe.
Und, liebe Gemeinde, nicht selten mag es schwierig sein, den Unterschied klar zu erkennen.

Von einer Frau, wird zum Beispiel in der Bibel erzählt, die Gottes Heimsuchung sehr zwiespältig erlebt. Wir hören von ihr im Buch Ruth. Das erzählt die Geschichte einer Witwe, die ähnlich wie die Mutter des Jünglings von Nain ihren Sohn verliert, ja, nicht nur einer stirbt ihr, sondern gleich zwei Söhne versterben kurz hintereinander.
Eine Katastrophe.

„Gott hat mich heimgesucht und sich gegen mich gewandt“, sagt diese Frau. Ihr Name: Naomi.
Naomi und Nain – das ist im Hebräischen übrigens die gleiche Wortwurzel. Der Ort Nain, aus dem der Leichenzug kommt, der unverhofft auf die Menschenschar um Jesus trifft, dieser Ortsname Nain bedeutet übersetzt „Lieblich“. (Nicht Lieblos, wie ein Ort in unserer Nähe!)

Und eine Leidensgenossin der Witwe von Nain ist die Witwe Naomi, von der das Buch Ruth im Alten Testament erzählt. Naomi – dieser Name lässt sich auch ganz gut mit „die Liebliche“ übersetzen.
Ob die Namensähnlichkeit des Ortes und der Frau reiner Zufall ist? Das mag schon sein. Ich persönlich glaube nicht an einen Zufall.

Wie erfahren von der Mutter des toten Jünglings von Nain nur, dass sie weint. Was jeder sofort verstehen kann. Doch der Ortsname zeigt schon an, dass sich ihr Schicksal wenden wird. Denn nicht aus Lieblos stammt die Frau, sondern aus eben aus Lieblich. Und aus dem Weinen der Trauer werden Tränen der Freude.

Anders als die Witwe aus Nain, lässt uns die Witwe Naomi auch mit Worten an ihrem Leiden teilhaben: Naomi hadert mit Gott. Sie beklagt wortreich ihr Schicksal: „Gott hat mich heimgesucht, in dem er sich gegen mich gewandt hat. Gott hat mir alles genommen. Mein Name passt nicht mehr zu mir, nennt mich fortan nicht „Liebliche“ sondern „Bittere“ (Mara).“

So verschafft die leidgeprüfte Naomi sich Luft und spricht sicher vielen Menschen aus dem Herzen, denen es schon ähnlich ergangen ist.
Freilich, auch Naomi erlebt ein Happy End: Lesen Sie es nach im Buch Ruth. Ach, wäre es doch im wahren Leben auch öfters mal so!

Ja, Gott kommt zu Besuch, macht sich bemerkbar, aber manchmal in unerfreulicher Weise.
Gottes Macht tut sich kund, indem der Tod regiert und alle Hoffnung zerstört wird. Gottes Nähe zeigt sich in einer scheinbaren Gottesferne.

Liebe Gemeinde, vielleicht erschreckt uns dieser Gedanke. Vielleicht überfordert er unser Denken, passt nicht in unseren Glauben von Gottes Liebe und Freundlichkeit.

Und doch mag dem einen oder der anderen dieses Denken gar nicht so fremd sein:
„Wie kannst Du, Gott, zulassen, dass mein Sohn stirbt? Wo warst Du, Gott, als dieser Unfall passierte? Warum, Gott, hilfst Du nicht meinem Nachbarn, der so arm dran ist und doch immer ein guter Mensch und Christ war?“

Ich vermute, dass fast allen von uns, wenn wir einmal genauer überlegen, eigene Beispiele dieser oder ähnlicher Art in den Sinn kommen. Ja, ich bin mir sicher, wer wirklich im Glauben lebt, kennt auch Zeiten der scheinbaren Gottesferne, Zeiten der Sehnsucht nach Gott – doch Gott schweigt.

„Vor Gott und mit Gott leben wir ohne Gott“, hat der Theologe und Pfarrer Dietrich Bonhoeffer einmal gesagt. Er wollte damit nicht etwa die Gottlosigkeit propagieren. Nein, das war ganz und gar nicht sein Anliegen. Vielmehr war Bonhoeffer voll fester Zuversicht, dass Gott da ist in dieser Welt. Aber eben nicht als majestätischer Herrscher, sondern als Leidender, ohnmächtig, dienend. Gott leidet mit seiner Welt mit, er gibt sich hin – und verwandelt damit die Not.

Liebe Gemeinde,

es gibt ein Davor und ein Danach in unserem Predigttext und auch für mich gab es ein Davor und Danach bei der Predigtvorbereitung.

Bevor ich Mitte letzter Woche mit meinen Pfarrkollegen und unserer Kantorin zur Fortbildungsreise nach Polen aufbrach, hatte ich mir den Predigttext schon einmal angesehen und ein paar Gedanken dazu notiert:

„Jesus stoppt den Zug des Todes, der von Nain kommt, der Zug des Todes begegnet dem Zug des Lebens mit Jesus an der Spitze." Das sollte mein Kernsatz werden.

Dann ging ich auf Reisen nach Polen in die Stadt Oświęcim, die heute 40000 Einwohner zählt und in die Stadt Krakow, eine Millionenmetropole.

Oświęcim - in der Zeit der deutschen Besatzung Polens Auschwitz genannt.

Krakow – wie Deutschen nennen die Stadt Krakau.

In Krakau war einmal fast jeder dritte Bürger jüdisch, heute leben wieder ungefähr 300 Juden in Krakau.

Nach Auschwitz aber wurden weit über eine Million jüdische Männer, Frauen und Kinder aus ganz Europa in Zügen verbracht und dann in hundsgemeiner Weise ermordet. Meistens gleich nach dem Aussteigen aus dem Zug bzw. Viehwaggon.

Heute fehlen uns die Worte, ja fehlt überhaupt jede Vorstellung, das Ausmaß des Leidens zu erfassen.

Auch Kriegsgefangene, Zigeuner und andere Gruppen wurden in Auschwitz gefoltert, ermordet und gefangen gehalten.

Ein junger Pole war darunter, ein Architekturstudent, Stefan Jasniensky, Fallschirmspringer im Dienste des polnischen Widerstands gegen das Nazi-Regime.

Er wurde zum Tode verurteilt und wartete in einer Zelle auf die Vollstreckung. Während des Wartens hat er wohl mit seinen Fingernägeln oder auch mit einem Löffelstiel die Zellenwände bearbeitet. Nicht um doch noch zu entkommen. Nein, er hat zwei Bilder in den Putz geritzt:

Eines zeigt einen Mann am Kreuz, Jesus, der König der Juden.
Auf dem zweiten Bild sieht man Jesus, der sein Herz zeigt. Vor ihm kniet einer und Jesus legt segnend und tröstend seine Hand auf den Kopf des Mannes. Es ist Stefan Jasniensky, der Todeskandidat.
In aussichtsloser Lage weiß er sich Jesus nahe, hält er sich an Jesus fest und weiß sich gehalten.

Liebe Gemeinde,
in unserer Predigtgeschichte hält Jesus den Zug des Todes an und holt den toten jungen Mann zurück ins Leben.
Ein Vorverweis auch auf Karfreitag und auf Ostern:
Jesus selber wird sterben, schmachvoll wie ein Verbrecher am Kreuz, von Gott und den Menschen verlassen.
Am dritten Tag aber wird er wieder auferstehen von den Toten.

Und er wird kommen, Gericht zu halten über Lebende und Tote, über Täter und Opfer in Gerechtigkeit und Gnade.
Das Leben vor dem Tod wird nach dem Tod also mit Sicherheit noch einmal eine Rolle spielen....

Liebe Gemeinde, in unserem Wochenspruch heißt es:
„Jesus Christus hat dem Tode die Macht genommen und das Leben und ein unvergängliches Wesen ans Licht gebracht durch das Evangelium“.

Hier und jetzt und über das Leben hinaus, will uns Jesus ins Leben geleiten. Wir aber dürfen getrost seine Hand ergreifen.

Und wenn uns Gott fern ist und wir Gottes Nähe nicht mehr spüren können, dann dürfen wir in das große Dennoch des Beters von Psalm 73 einstimmen:

„Dennoch bleibe ich stets an Dir,
denn du hältst mich bei meiner rechten Hand,
du leitest mich nach deinem Rat
und nimmst mich am Ende in Ehren an.
Wenn ich nur dich habe,
so frage ich nichts nach Himmel und Erde.
Wenn mir gleich Leib und Seele verschmachtet,
so bist du doch Gott, allezeit meines Herzens Trost und mein Teil.“

Predigt Lukas 16,19-31
gehalten am 1. Sonntag nach Trinitatis 2009

Liebe Gemeinde,

die Hölle ist zu einem Witz und Werbegag geworden:
Teuflische Versuchung, Todsünde – das sind heute Namen für Eiscremesorten, mit denen Kundschaft gelockt werden soll, brave und biedere Leute, die sich ja sonst nichts gönnen.

„Ein höllisches Vergnügen" - so heißt die neueste CD der Tiroler Musikgruppe „Teufelskerle", die in Bierzelten auftritt.

Doch vor diesen Teufelskerlen fürchtet sich keiner, höchstens vor ihrer Musik. (Ich hoffe, hier sitzen jetzt keine Fans!)
Und über die zuvor erwähnte Todsünde mit Schokoladenüberzug ist auch keiner zerknirscht, allenfalls macht man sich Sorgen wegen der Kalorien.

Wenn wir nun von der Kanzel aus den Reichen mal die Leviten lesen wollen und die Armen trösten und auf ihre Rechte verweisen, dann müssen wir die Hölle heutzutage schon in anderer Weise heiß machen.

Viel einfacher war das im Mittelalter, wie es unsere altehrwürdige Marienkirche noch heute oder genauer: nach den Restaurierungsarbeiten im Jahr 1960 wieder bezeugt.
Denn in jenem Jahr wurde das Fresko oben am Triumphbogen wieder freigelegt, das in der Reformationszeit – genauer: im Jahre1601 - übertüncht worden war.

Es stellt das jüngste Gericht dar: Christus der Weltenherrscher entscheidet, wer nach links ins Paradies oder nach rechts in die ewige Verdammnis wandert.

Wer in vorreformatorischer Zeit die Marienkirche betrat, sah sich unmittelbar vor die Wahl gestellt und überdachte intuitiv seinen Lebensweg. Zu jenen Zeiten ließen sich die Menschen von derartigen Darstellungen durchaus beeindrucken. Und viele waren bereit, hohe Geldsummen aufzubringen, kauften teure Ablassbriefe, die sie von ihren Sünden freikaufen sollten. Man wollte dem drohenden Schicksal der Gestalten dort oben rechts um jeden Preis entgehen.

Bekanntlich war die Ablasspraxis unserem Martin Luther ein Dorn im Auge und der Anstoß für seinen berühmten Thesenanschlag an der Schlosstür zu Wittenberg.

Die Menschen sollten nicht mehr mit dem Verweis auf Hölle und Fegefeuer zum Gehorsam gegen Gottes Gebot und zur Einwilligung in die Geldforderungen der Kirche genötigt werden. Vielmehr sollte die Botschaft von der Liebe und Gnade Gottes die Menschen zum Glauben einladen.

Und so wurden aus diesem Grund und noch weiteren Gründen die Bilder in unserer Marienkirche kurzerhand übermalt und für ein paar Jahrhunderte völlig vergessen.

Gemeindeglieder haben mir erzählt, dass es während der Restaurierungsarbeiten möglich war, auf einem Gerüst dort hinaufzuklettern und den Gestalten einmal direkt ins Angesicht zu schauen. Vielleicht sitzen ja welche von Ihnen heute hier, da dabei waren? Und vielleicht haben Sie da oben ja darüber nachgedacht, welche dieser Gestalten Sie selber wohl sein könnten und auf welcher Seite Sie sich lieber wiederfinden würden.

Links bei der offenen Tür, wo ein freundlicher Petrus wartet und der Erzengel hilfreich die Hand reicht?

Oder rechts am aufgerissenen Höllenrachen, wo die verlorenen Seelen in Ketten gelegt und verschlungen werden?

Und hat es Sie nicht vielleicht doch ein bisschen gegruselt und Sie haben über Ihre Sünden nachgedacht?

Liebe Gemeinde,
wie bringt man Menschen heute noch dazu, über ihre Sünden nachzudenken? Sicher nicht mit der Androhung von Höllenstrafen.

Und das ist auch nicht die Botschaft unseres Predigttextes.

Sicher mag es zunächst ein wenig so scheinen:

Und sicher kann man eine sehr einfache Lehre aus dem Text ziehen:
Wir sollen den Armen von unserem Reichtum abgeben und ihn nicht egoistisch für uns behalten.

Viele Reiche tun das heute ja auch: Man denke an Bill Gates oder Jane Fonda oder in unserem Land an Günther Jauch und weitere Prominente, die karitative Projekte oft in aller Stille unterstützen. Genauso gibt es natürlich die schwarzen Schafe, deren Namen wir täglich in der Presse lesen und deren Einkommenshöhe manchem braven Bürger die Zornesröte ins Gesicht treibt.

Aber über die wird schon genug geschimpft. Ich will es heute nicht auch noch tun.

Denken wir lieber einmal darüber nach, welche Reichtümer wir selber vielleicht anderen vorenthalten, welchen Reichtum wir vielleicht teilen könnten.

Und denken Sie bei Reichtum jetzt bitte nicht nur ans Geld!
Es gibt ja Reichtümer ganz anderer Art, mit denen man genauso geizen kann:
Einen Reichtum an Zeit zum Beispiel.

Immer mehr Menschen haben so viel Zeit, dass ihnen die Decke auf den Kopf fällt. Doch immer weniger Menschen wollen sich ehrenamtlich engagieren. Da stimmt doch irgendwas nicht!

Wo geize ich mit meiner Zeit, enthalte sie anderen vor, die sie vielleicht bräuchten? Die jemand bräuchten, der ihnen mal zuhört, sich für ein Stündchen um die Kinder kümmert, oder eine kleine Dienstleistung übernimmt?

„Spenden Sie Zeit"!
So las ich kürzlich in einem Aufruf zur ehrenamtlichen Mitarbeit bei der Tafel.
Eine gute Idee!

Und ohne hier Konkurrenz machen zu wollen:
In unserer Gemeinde wollen wir den Besuchsdienstkreis ausbauen.
Auch da kann man Zeit spenden und ein offenes Ohr leihen.

Und es wird reichlich gelohnt, denn wer sich bereits im Besuchsdienst engagiert, erlebt, wie viel Freude so ein Besuch bereiten kann – auf beiden Seiten!

Wer sich nicht traut oder wirklich keine Zeit erübrigen kann, weil womöglich Familie und Beruf vollen Einsatz verlangen, wird deswegen sicher nicht gleich zur Hölle fahren.

Und damit wären wir wieder beim Ausgangsthema angelangt.

Himmel – Hölle – haben diese Begriffe für uns noch Bedeutung?
Und wie motivieren wir Ehrenamtliche zum Engagement?
Wie bewegen wir Menschen über den eigenen Tellerrand hinauszuschauen und andere Menschen in ihrer Bedürftigkeit wahrzunehmen?

Angstmache und Druck ziehen nicht.
Da fahren ja zurzeit Busse durch unser Land auf denen in großen Lettern geschrieben steht: „Erfülltes Leben gibt es auch ohne Gott." Eine Einladung zu einem furchtlos-fröhlichen Atheismus.

Kirchliche Werbung in Gestalt von Sensationen, Spektakeln und Events ziehen auch nur für kurze Zeit.
Das weiß schon unser Bibeltext und spricht es aus:
Selbst wenn einer vom Tode auferstehen würde, würde das keinen vom Hocker reißen, wenn er nicht vorher schon durch Gottes Wort angerührt wurde.
Wir könnten etwas daraus lernen für unsere Gottesdienstkultur.

Und die Ironie der Geschichte will es, dass unser Lazarus ja denselben Namen trägt, wie einer, der tatsächlich aus dem Totenreich zurückgekehrt ist: Der Evangelist Johannes erzählt, wie der Bruder der Maria und Martha, der auch Lazarus heißt, nach drei Tagen aus dem Grab herausgerufen wird und ins Leben zurückkehrt.

Man könnte fast meinen, der vom Tode Auferweckte sitzt unter dem Tisch des Reichen Mannes und der merkt es gar nicht.
Noch eine Ironie kommt hinzu: Vielleicht ist es sogar Christus selber, der unter dem Tisch sitzt?
„Was ihr getan habt einem von diesen Geringsten, das habt ihr mir getan…"

Lazarus – ein vielsagender Name!
Eigentlich bedeutet er „Gott hilft".
Er leitet sich von der hebräischen Namensform Eliasar ab.

Gott hilft: Gott holt den Übersehenen aus dem Schatten
Gott stellt seine Würde wieder her.
Gott bringt den Mann zu Ehren, der für andere bestenfalls Fußabtreter war.

Lazarus wird von einem Engel Gottes in Abrahams Schoß getragen – Sinnbild für das Paradies, auch heute noch sprichwörtlich für ein Leben in Fülle und Frieden und Fröhlichkeit. Schauen wir uns die fröhlichen Gesichter der Erlösten vor dem Paradiestor auf unserem Triumphbogen an!

Sie tragen keine Kleider, die ihren Status anzeigen. Arme Leute könnten sie gewesen sein oder auch Gerechte unter den Reichen. Nun sind die Unterschiede ausgelöscht.

Und da findet sich eine weitere Pikanterie in unserem sehr feinsinnigen Predigttext:
Der alte Vater Abraham hatte nämlich einst einen Knecht namens Eliasar – neutestamentlich also Lazarus - aus Damakus. Der sollte eigentlich Erbe sein, denn Abraham und seine Frau Sara waren kinderlos.
Aber dann erblickte doch noch der verheißene Sohn das Licht der Welt und Elieser konnte das Feld räumen. Er war ja auch nur ein Fremder, er gehörte nicht wirklich dazu. Und er geriet in Vergessenheit.

Wenn nun Lazarus in Abrahams Schoß sitzt, dann holt die Geschichte damit auch jenen anderen Lazarus aus den Abrahamsgeschichten - den Elieser von Damaskus - zurück an die Seite Abrahams und hinein in die Mitte des Gottesvolkes.

Für Gott gibt es keine Fremden.
Jeder Mensch kann Anteil an seinem Erbe, seiner Lebensfülle, seinem Trost und seinem Heil haben.
Keiner wird ausgeschlossen.
Und wen die Menschen übersehen oder gar als Fußabtreter benutzen, den heben die Engel hinauf zu Gott.

Zur Zeit des Lukas wurde diese Botschaft zwischen den Zeilen noch verstanden.

Und damals verstand man auch sofort, wer mit dem Reichen gemeint war: Der ist in Purpur und kostbares Leinen gekleidet: Purpur – die Farbe der Könige, Leinen, die Bekleidung der Priester.

Wer Ohren hat zu hören, der hört: Könige und Priester oder moderner gesprochen: Mächtige wie Berufsfromme lassen die Armen alleine. Sie lassen es sich gut sein und übersehen das Elend zu ihren Füßen.

Der Reiche hat darüber hinaus 5 Brüder und da gibt es ein prominentes Vorbild: Es ist der Stammvater Juda, Namensgeber des jüdischen Volkes, der 5 jüngere Brüder hatte. Mehrmals betont der Predigttext, dass der Reiche und Vater Abraham miteinander verwandt sind, was für Lazarus offenbar nicht zutrifft.

Eine höchst spannende Geschichte! Wir dürfen sie nicht antijüdisch auslegen. Darum geht es nicht, schon gar nicht um das Klischee des reichen Juden, das von Antisemiten aller Zeiten gerne bemüht wird.

In unserem Predigttext wird Selbstkritik geübt und Einsicht gezeigt:
Für Gott gibt es nicht Gewinner und Verlierer, Gott unterscheidet nicht zwischen denen die dazu gehören und Außenstehenden, zwischen Kerngemeinde und Kirchenfernen, Gott macht überhaupt keine Unterschiede zwischen den Menschen.

Vielmehr graben die Menschen selber Gräben zwischen sich und denen, die sie nicht dabei haben wollen, sie graben Gruben und fallen selbst hinein, so wie der Reiche, der namenlos bleibt in der Geschichte.

Der Reiche stirbt und landet im Hades – so heißt es im griechischen Urtext des Lukasevangeliums. Hades hat Luther mit Hölle übersetzt.
Der Hades war das Totenreich bei den alten Griechen.
Die haben sich übrigens nicht vorgestellt, dass dort gefoltert wird.
Es war einfach die Gegenwelt zur Welt der Lebenden.

Dort im Hades leidet der Reiche allerdings Höllenqualen als ihm die Augen geöffnet werden, er vielleicht zum ersten Mal den Lazarus vor sich sieht und sein Versäumnis einsieht. Vermutlich ist es sein eigenes Gewissen, das ihn nun foltert.

Ähnliches erzählen übrigens auch Menschen, die schon einmal ein Nahtoderlebnis hatten: Plötzlich konnten sie die Gefühle anderer Menschen empfinden, spürten gleichsam am eigenen Leibe, wie sie mit anderen umgegangen waren und was sie anderen angetan hatten.
Ein faszinierender Gedanke, ganz gleich, wie man solche Nahtodberichte beurteilen will.

Wir brauchen kein Höllenfeuer, wenn wir die Verletzungen, die wir anderen zufügen, selber nachempfinden können.
Wir brauchen keinen Teufel, der uns quält, wenn unser Gewissen wach ist und wir fähig sind zum Mitleid, wenn wir ein Sensorium für die Gefühle anderer Menschen haben und einen Gerechtigkeitssinn.

Unsere Lazarusgeschichte lehrt nur vordergründig, dass Reiche in die Hölle und Arme in den Himmel kommen. Sie lehrt etwas anderes: Sie lehrt Achtsamkeit.

Hölle ist ja, nur an sich selber zu denken, das Leben zu genießen ohne Rücksicht auf Verluste, wie die Made im Speck zu leben, sich selbst der Nächste zu sein und wegzuschauen, wenn etwas nicht in mein Lebenskonzept passt, meine Ruhe stört.
Hölle ist Leben in Beziehungslosigkeit, in Gefühllosigkeit, in Mitleidslosigkeit.
Denn jede Selbstliebe ist krank, die nicht zur Nächstenliebe führt.

In jedem jüdischen Gottesdienst ist das übrigens das von allen gesprochene Glaubensbekenntnis: „Höre Israel, der Herr unser Gott ist einer. Und Du sollst Gott, deinen HERRN, lieben von ganzem Herzen, von ganzer Seele, von allen Kräften und von ganzem Gemüte und deinen Nächsten als dich selbst." 5. Mose 6,5 + . Mose 19,18

In Lukas 10,27 kommen diese Worte aus dem Mund eines Schriftgelehrten, dem Jesus anschließend die Geschichte vom barmherzigen Samariter erzählt. Eine Geschichte, die große Ähnlichkeiten mit unserem Predigttext hat.

Wer ist mein Nächster?
Der, den Du siehst und doch so gerne übersiehst, an dem Du gerne hastig vorbeiläufst, weil er nicht in Dein Konzept passt, weil er Deine Ruhe stört, weil er möglicherweise auch ganz anders ist als Du!
Manchmal sitzt er unbeachtet unter Deinem Tisch zu Deinen Füßen, oder alleine am Tisch im Nachbarhaus, oder kommt zur Tafel oder tischt Dir Dinge auf, die Dich stören.
Nimm Dir doch mal Zeit für den Störenfried! Schau ihm ins Gesicht!
Vielleicht erkennst Du in dem Fremden Deinen Nächsten, vielleicht erkennst Du sogar Dich selbst.
Nimm Dir einmal die Zeit, übe Dich in Achtsamkeit und lass Dich vom Frieden Gottes beschenken, der höher ist als alle Vernunft.

Ich möchte schließen mit einer jüdischen Lebensweisheit, dem Rabbi Hillel zugesprochen, der ein Zeitgenosse Jesu war.
Wenn ich nicht für mich bin, wer bin ich dann?
Wenn ich aber nur für mich bin, wer bin ich dann?
Und wenn nicht jetzt, wann dann?

Predigt zu Johannes 21,1-14
gehalten am Sonntag Quasimodogeniti 2011

Liebe Gemeinde,

eine einladende Szenerie:
Als die Jünger ans Land stiegen, sahen sie ein Kohlenfeuer und Fische darauf und Brot.
Das kann man sich so richtig gut vorstellen.
Jesus hat schon alles vorbereitet. Da knistert das Feuer, da brutzeln schon die Fische und der Duft steigt in die Nase. Dazu ein frisches, selbstgebackenes Fladenbrot und ein Schluck Wein vom Karmelgebirge... Das ist Feier-Abend! Ein Feierabendmahl.

Ich fühle mich an meine Urlaubsreisen erinnert, die mich in früheren Jahren oft nach Skandinavien führten: Da saßen wir auch abends am See, das Lagerfeuer knisterte, ein paar von uns hatten geangelt und den Fisch zubereitet, andere hatten Beeren gepflückt und einen Kuchen gebacken. Man sang miteinander, erzählte sich etwas und ließ es sich gut gehen.

Eine erfüllte Zeit, Momente der Vollkommenheit, Augenblicke, die man am liebsten für immer festhalten möchte.

Ein einladendes Bild malt Johannes uns da vor Augen...

Aber, liebe Gemeinde, ich muss mir selber jetzt Einhalt gebieten, Denn ich bin schon ein wenig vorgeprescht.
Erst die Arbeit, dann das Vergnügen!

Die Vorzeichen in unserem Predigttext sind eingangs keineswegs auf Feiern und Fröhlichkeit eingestellt. Sieben Freunde Jesu haben sich da zusammen gefunden. Die Stimmung ist gedrückt.
Irgendwie muss es jetzt nach Karfreitag und Ostern weitergehen.
Die Normalität hat sie wieder.
So geht es einem ja oft nach Festzeiten: Man muss erst einmal wieder in der Alltagsrealität ankommen.
„Also, ich geh jetzt mal fischen“, sagt Simon Petrus, der in seinem früheren Leben – dem Leben vor der Begegnung mit Jesus – seinen Lebensunterhalt mit der Fischerei verdient hat. Manchmal tut es gut, sich dem Vertrauten zuzuwenden, wenn innendrin das Chaos herrscht.
Die andern nicken: „Gute Idee, wir machen mit.“

Zurück an die Arbeit. Zurück in den Alltagstrott.
Was sollen die Männer aber auch anderes tun?
Das Leben muss ja weiter gehen.

Ob Jesus tot oder lebendig ist – da sind immer noch ihre Familien, hungrige Mäuler wollen gestopft werden, die Frauen der Jünger mahnen ein geregeltes Leben ein. Sie brauchen die Unterstützung ihrer Männer. Manches ist liegen geblieben in der Zeit, als diese mit Jesus auf Wanderschaft waren.

Die Jünger hatten sich - unterwegs mit Jesus - nicht viele Sorgen um den Lebensunterhalt machen müssen. Immer wieder mal wurde Jesus mit seinen Freunden zu einem Festmahl eingeladen:
Angefangen von hochgestellten Persönlichkeiten, Pharisäern, Personen des öffentlichen Lebens über krasse Außenseiter der Gesellschaft – geheilte Leprakranke, Zolleinnehmer und allerlei schräge Vögel bis hin zu wohlhabenden Frauen und Angehörigen der römischen Armee.

Jesus hatte keine Vorurteile, feierte mit allen und verglich das Reich Gottes gerne mit einem großen Hochzeitsfest.

Ach ja, zu Hochzeiten wurde Jesus mit seinem Jüngern auch gerne eingeladen. War es nicht ein Wunder, als bei der Hochzeit zu Kana aus den Steinkrügen für das Wasser plötzlich köstlicher Wein in Strömen floss?
Das hatte sich schnell herumgesprochen.
Jesu Freude am fröhlichen Feiern war sprichwörtlich. Manche nannten ihn sogar spöttisch den „Fresser und Weinsäufer“.

Freilich - auch karge Zeiten hatten sie mit Jesus erlebt. Einmal wurden sie an einem Schabbat erwischt, als sie vor lauter Hunger Ähren von den Feldern pflückten, um etwas zwischen die Zähne zu bekommen.

Und immer wieder einmal galt es eine gewaltige Menschenmenge zu verköstigen, die Jesus stundenlang zugehört hatte.
Wundersamerweise aber hatte das Wenige, was man da teilte, immer für alle gereicht.

Alles in allem war das Leben an der Seite Jesu ein Leben in Fülle gewesen. Eine erfüllte Zeit.
Und dies nicht nur, weil es eben immer wieder mal ein Gastmahl oder Speisungswunder gab.
Ein ganz anderer Hunger als der nach Brot wurde gestillt, eine ganz andere Sehnsucht als die nach einem guten Tropfen fand Erfüllung.

Jesu Worte waren Schwarzbrot für die Seele und frisches klares Wasser für den Geist.

Machtvolle Worte waren es, heilsame und heilvolle Worte, die kaum einen unberührt ließen.
Worte von Ewigkeitswert, die man nie vergißt.

Und doch scheint für die Jünger nun alles vorbei.

Ziellos rudern sie auf den See hinaus, ziellos werfen sie die Netze aus. Irgendwie muss man sich ja beschäftigen. Aber sie sind vielleicht schon zu sehr aus der Übung. Wie das dann manchmal so ist – es verfängt sich kein einziges mickriges Fischlein.

Es gibt solche Zeiten, da will einfach nichts gelingen.
Da scheint alles auf Misserfolg programmiert.
Es will einfach kein Fang glücken.
Und oft reiht sich dann auch noch Unglück an Unglück, Missgeschick an Missgeschick. Wie eine Pechsträhne.
Haben wir das schon einmal erlebt?

Als die Jünger müde und frustriert dem Ufer entgegenrudern, entdeckt einer von ihnen dort eine Gestalt, einen Mann, den keiner kennt und der doch irgendwie vertraut erscheint.

„Kinder, habt ihr nichts zu essen?“ fragt er. Nein, sie haben nichts. Ihr Magen knurrt. Sie sind leer und ausgepumpt. Es gibt halt solche Dürrezeiten. Und doch liegt in ihnen manchmal schon die Verheißung einer Wende.

„Kinder“, „Kindlein“, die Anrede des Unbekannten – es ist natürlich Jesus – erinnert an den Namen des heutigen Sonntags: „Quasimodogeniti = Wie die neugeborenen Kindlein“.

Liebe Gemeinde, in Dürrezeiten sind wir ganz auf Gott zurück geworfen. Aber wenn gar nichts mehr geht, dann beginnt manchmal ein völlig neuer Weg. Und im Rückblick fühlt man sich wie neugeboren.

Die Jünger hören auf den Rat des Unbekannten:
„Versucht es noch einmal zur rechten Seite."

Die rechte Seite – das ist mehr als eben einfach nur rechts statt links.
Die rechte Seite hat in der Regel mehr Potential als die linke, die rechte Seite ist die glückliche Seite.
Immer wieder wird in der Bibel diese Vorstellung aufgegriffen:
Der Name Benjamin bedeutet „Sohn der rechten Seite" und „Sohn des Glücks".
An der rechten Seite des Altars ist dem Zacharias ein Engel erschienen, der Engel, der ihm die Geburt seines Sohnes ankündigte.
Auf der rechten Seite des Grabes saß der Engel, der am Ostermorgen den Frauen die Auferstehung kundgetan hat.
Die rechte Seite, das ist die Seite Gottes, die Seite Jesu Christi, der nun zur Rechten Gottes sitzt.
Auf der rechten Seite des Bootes also sollen die Jünger nun ihre Netze auswerfen.

Und der Erfolg ist wahrhaft umwerfend. Ein Déjàvu-Erlebnis für die Jünger: Das hatten wir doch schon einmal, damit hatte es doch vor zwei Jahren angefangen! Der Evangelist Lukas erzählt davon in seinem 5. Kapitel. Da war fast dasselbe passiert, wie jetzt wieder in der Geschichte, die Johannes überliefert:

Müde kamen die Jünger von einer erfolglosen Arbeitsnacht auf See zurück. Da empfahl ihnen Jesus es noch einmal zu versuchen und schon waren die Netze bis zum Zerbersten gefüllt.

Nun schließt sich der Kreis.

Und während damals die Netze zu zerreißen drohten, halten sie diesmal der Last stand. Ein weiteres Wunder im Wunder. Es geht nicht nur wieder von vorne los, es beginnt sogar etwas noch Besseres, noch Größeres.

Man zählt die Fische: 153 sind es genau.
Damit ist das Auskommen für eine Weile gesichert.
153 Fische - das ist wohl eine enorme Menge.
Man mag sich nun ein wenig wundern, dass diese Zahl so genau überliefert ist. Aber warum sollte es nicht so gewesen sein, dass eben 153 Fische im Netz zappelten?

Freilich – die Zahl 153 hat ein Geheimnis. Sie ist eng mit der 3 verwoben.
So ist diese Zahl die kleinste aller dreistelligen Zahlen, welche die Summe der dritten Potenzen ihrer Ziffern ist. Wenn sie dieser Rechnung nicht so schnell folgen konnten, dann ist die nächste etwas leichter: Zieht man die Quersumme aus 153 – das heißt man zählt die Zahlen 1+5+3 zusammen - dann erhält man die 9. Und die 9 lässt sich dreimal durch die drei teilen.

Drei aber ist die Zahl der Gottheit, die heiligste von allen Zahlen.
In dreifacher Engelgestalt zeigt sich Gott dem Abraham.
In dreifacher Gestalt – als Vater, Sohn und Heiliger Geist – gibt sich Gott der Christenheit zu erkennen.

Die Zahl 153 enthält also vielfältige Hinweise auf die heilige Zahl 3. Die 153 kann keine Zufallsnummer sein kann. Sie ist ein Hinweis auf die Fülle der Gottheit. Übrigens erscheint Jesus ja auch zum dritten Mal als Auferstandener, wie der Predigttext am Ende verrät...

Das Reich Gottes wird in der Fülle des Fischfangs sichtbar, fassbar und essbar. Und Jesus lädt ein zum Festessen: Es gibt ein Lagerfeuer, man isst und trinkt, labt und stärkt sich und feiert Wiedersehen.

Denn genau daran erkennen die Jünger ihren Meister wieder: Dass er mit ihnen isst und trinkt, den Feierabend und ein Feierabendmahl genießt. Jesus stillt allen Hunger und lädt ein zum Fest des Lebens.

Noch ein letzter Gedanke zur Zahl 153: Angeblich sei das die Anzahl aller bekannten Fischsorten der damaligen Zeit gewesen, von jeder bekannten Fischsorte habe sich ein Exemplar in dem Netz gefunden, das die Jünger zur rechten Seite auswarfen.

Später wird dieses Netz zum Symbol für die Kirche Jesu Christi, in der jeder Platz hat und jede gebraucht wird, in der Vielfalt und Buntheit das wichtigste Wesensmerkmal ist. Und die an der Verschiedenheit nicht zerreißt.

Liebe Gemeinde, woran merken wir eigentlich, dass Jesus immer noch bei uns ist? Vielleicht daran, dass wir in aller Unterschiedlichkeit Kirche Jesu Christi sind und bleiben. Vielleicht daran, dass in aller Farblosigkeit und Tristesse des Alltags manchmal etwas ganz Unerwartetes geschieht, dass als Heute Gottes in unsere Welt einbricht und das Leben zum Fest wird. Vielleicht daran, dass ein Stück Brot und ein gebratener Fisch uns glückselig machen und uns eine Ahnung vom Reich Gottes vermitteln.

Predigt zu Römer 13,8-12
gehalten am 1. Advent 2014

Liebe Gemeinde,

Liebe und Licht – zwei starke Signalbegriffe leuchten mir aus diesen Briefabschnitten entgegen.
Liebe und Licht – das sind die Leitgedanken für die heute beginnende Adventszeit:
Wir bereiten uns vor auf das Fest der Liebe, wie Weihnachten im Volksmund auch genannt wird: Gottes Liebe wird für uns im Kind in der Krippe greifbar.

Die Vorbereitungszeit auf das Fest ist geprägt von dem langsam zunehmenden Lichterglanz an den Adventssonntagen:
Erst ist es ein Licht, das am Adventskranz brennt, dann sind es zwei, drei, vier bis schließlich das Lichtermeer des Weihnachtsbaumes das Christfest selber erhellt.

(So gesehen, war es eine kluge Entscheidung der Arbeitsgruppe Perikopenrevision, die Verse 8-10 zum Thema „Liebe" und die Verse 11+12 zum Stichwort „Licht" zu einem Predigttext zusammen zu fassen.)
Die Botschaft des Paulus erfährt darin zugleich eine doppelte Zuspitzung, der Blick wird nach innen wie nach außen gerichtet.

Liebe kommt ja von innen, Liebe ist vor allen Dingen eine Herzensangelegenheit, sonst ist es keine wahre Liebe. Wir müssen also die Herzensbildung pflegen, sorgsam darauf achten, was sich in unserem Herzen regt.

Das Licht hingegen soll uns von außen umhüllen, wir sollen es „anziehen“, wie Paulus sagt, uns damit bekleiden. Doch nicht, um als etwas Besonderes zu erscheinen. Nein, das Licht dient eher als Schutzanzug gegen Angriffe des Bösen.

Licht und Liebe, davon soll ein Christenmensch erfüllt und umhüllt sein. Das ist zumindest die Idealvorstellung.
Und mir fallen spontan Menschen ein, die dieser Idealvorstellung auch recht nahe kommen, Lichtgestalten.
Es gibt sie auf jeden Fall, auch in unserer Gemeinde. Oftmals wirken sie da eher im Verborgenen und wünschen gar nicht, besonders hervorgehoben zu werden.

Deswegen will ich auch lieber zwei prominente Beispiele anführen.

Ich denke beispielsweise an den Begründer der Brüder-Gemeinschaft von Taizé, Frere Roger Schutz, dem ich selber noch persönlich begegnet bin. Sein freundliches Gesicht, sein ganzes Wesen strahlte Licht und Liebe aus. Und licht- und liebevoll war sein ganzes Wirken für die Armen und für eine glaubwürdige christliche Ökumene.
Und kürzlich las ich über die schwedische Krankenschwester Elsa Brandström, die sich u.a. aufopferungsvoll um russische und deutsche Gefangene während des Ersten Weltkriegs kümmerte, und manches schlimme Leid lindern konnte. „Engel von Sibirien“ wurde sie deswegen auch genannt.

Roger Schutz und Elsa Brandström:
Zwei Ausnahme-Menschen, Engel in Menschengestalt.
Sie können inspirieren und zum eigenen Engagement ermutigen.

Manch einer mag sich aber auch entmutigt oder eingeschüchtert fühlen: So werde ich doch nie! Und ein Heiligenschein steht mir schon gar nicht!

Christian Durchschnittschrist und Christine Durchschnittschristin leben von der Gnade Gottes, leben davon, dass ihre kleinen oder großen Lieblosigkeiten und ihr zwielichtiges Gebaren immer wieder in Gottes Erbarmen gestellt und vergeben werden.

„Liebe deinen Nächsten wie dich selbst", das Gebot kennen wir alle. Es ist uralt, Paulus selber hat es schon von seinen Vorfahren im Glauben gelernt, zitiert es aus dem Alten Testament, aus den Büchern Mose.

Und nicht nur Judentum und Christentum kennen die Nächstenliebe, auch in anderen Religionen und quer durch alle Kulturen dieser Welt finden wir ähnliche Gedanken und Grundregeln für ein gelingendes Miteinander, zusammen gefasst in der goldenen Regel:
„Was du nicht willst, was man dir tu, das füg auch keinem andern zu."
Oder positiv formuliert: „Behandle andere so, wie du von ihnen behandelt werden willst."

Es klingt so einfach, könnte Gewalt und Kriege verhindern und die Welt zu einem Paradies machen. Aber offenbar hält die Menschheit irgendetwas zurück. Selbst bemühte Christen gestehen mir: Es fällt mir manchmal arg schwer, die Menschen zu lieben.

Von dem Erfinder der Psychoanalyse höchstselbst, von Siegmund Freud, stammt die ernüchternde Behauptung: Das Liebesgebot überfordert den Menschen soundso hoffnungslos.

Will sagen: der Mensch ist einfach anders gestrickt, auf jeden Fall kann man Liebe nicht gebieten. Das funktioniert einfach nicht.

Und ebenso ernüchternd klingt, was der englische Dichter Lord Byron, über die Liebe schreibt: „Lieb´ ist ein launisch Ding, mag wohl bestehn im Fieber, aufgewallt aus eigner Glut".
Der Dichter will sagen: Wo einer meint in Liebe entbrannt zu sein, erweist sich das bei genauerem Hinsehen oft als bloßes Strohfeuer, das schnell wieder erlischt.

Aber Halt! Ist das wirklich die Liebe von der Paulus spricht?
Gerät hier nicht gerade etwas durcheinander?

Liebe und Verliebtsein - jedes ältere Ehepaar wird es bestätigen – sind zwei Paar Schuhe. Das eine sind die Schmetterlinge im Bauch das Herzklopfen und Kniezittern, das andere ist die gewachsene Vertrautheit, die Nähe, die tiefe Verbundenheit.

Tempus fugit, amor manet, sagt der Lateiner.
„Die Zeit vergeht - die Liebe bleibt".
Und wo das so erlebt wird, wird es gleichzeitig als großes Geschenk empfunden. Das höre ich immer wieder bei meinen Vorgesprächen zu einer Goldenen oder Diamantenen Hochzeit.

Nun mögen einige unruhig werden und denken: Aber dem Paulus geht es doch gar nicht um die eheliche Liebe oder partnerschaftliche Verbundenheit. Er spricht doch eindeutig und unmissverständlich von der Nächstenliebe.

Doch gemach: Die Ehe ist in der Bibel immer wieder ein Gleichnis für die Liebe zwischen Gott und Mensch. Und die Gottesliebe ist wiederum die Basis, der Wurzelgrund, der Nährboden für die Liebe zwischen und unter Menschen.
Agape, so lautet der griechische Ausdruck für die Gottesliebe.
Fünfmal findet sich dieser Begriff – Agape - in unserem ersten Textabschnitt, als wolle Paulus vermitteln:

Es lässt sich doch an den Fingern eine Hand abzählen, es liegt doch auf der Hand, dass sich die Nächstenliebe aus der Gottesliebe nährt und in ihr verwurzelt ist. Man muss es nicht eigens betonen.

Agape, das ist die Liebe schlechthin ohne Hintergedanken, ohne Vorbedingungen, ohne Bewertungen, ohne Erwartungen.

Ein Buchtitel kommt mir da in den Sinn, den ich neulich im Buchladen entdeckte: „Liebe dich selbst und es ist egal, wen du heiratest". *(Eva Maria Zurhorst, München 2009).* Offenbar ein Bestseller, in 17 Sprachen übersetzt und schon über eine Million mal verkauft.

„Liebe dich selbst und es ist egal, wen du heiratest", das heißt im Klartext: Was der Partner für Macken hat, wie er aussieht, wie viel Geld oder andere Vorzüge er besitzt, spielt keine Rolle, wenn ich mit mir selber im Reinen und zufrieden bin und aus meiner eigenen Mitte lebe.

Die Liebe bin ich dann mehr oder weniger selber, nicht irgendein Gefühl, das mich ergreift oder das ich „habe" und auch wieder verlieren kann.

Die Liebe ist dann der Mensch in seiner Ganzheit, der Mensch, der ich aus Gottes Sicht schon immer bin: Der Mensch, der nach Gottes Bild geschaffen und zum Heil bestimmt ist, ein schon jetzt in sich heiler und stabiler Mensch, der zugleich andere Menschen annehmen kann, so wie sie sind.

Ich erwähnte beispielhaft schon die beiden menschlichen Lichtgestalten Frere Roger Schutz oder Elsa Brandström.

Und nun finde ich den Textabschnitt über das Licht hilfreich, um eine Ahnung zu bekommen, wie ich zu so einem Menschen werden und wie ich zu dieser Liebe gelangen kann. Denn es klingt ja schon erst einmal fordernd und fast hart, wenn Paulus davon spricht, dass wir einander die Liebe schuldig sind, dass sie ein Muss ist und die Nächstenliebe ein Gebot, das alle anderen in sich fasst.

Doch im nächsten Abschnitt taucht ein neuer Gedanke auf: Es gibt auch eine Entwicklung, ein Heraufdämmern, Hineinwachsen oder langsames Eintauchen ins Licht. Es kommt ganz von alleine. So wie der Sonnenaufgang auf die Nacht folgt oder das Weihnachtsfest auf den Advent.

Wenn wir warten können, uns vorbereiten, uns öffnen und die Zeit ankommen lassen, dann wird uns der Heiland geboren, dann wird unser Herz von seinem Licht und seiner Liebe erfüllt.

Und ich möchte sie zu einer kleinen Übung ermutigen jetzt im Advent:
Nehmen Sie sich doch täglich ein paar Minuten Zeit, zünden sie eine Kerze an, setzten sie sich ruhig und aufrecht auf einen Stuhl, formen sie die Hände zu einer offenen Schale und denken oder sprechen sie beim Einatmen das Wort „Liebe“ und beim Ausatmen das Wort „Licht“.

Ich bin mir sicher: Das bringt auf einen Weg, es bewirkt einen Wandel, innerlich wie äußerlich. Probieren Sie es doch aus!

Eine kleine Geschichte zum Abschluss von der Macht des Lichts
Ein König hatte zwei Söhne. Als er alt wurde, da wollte er einen der beiden zu seinem Nachfolger bestellen. Doch welcher sollte es sein? Er beriet sich mit den Weisen des Landes. Schließlich stellte er den beiden eine Aufgabe: Bis zum Abend sollten sie die leere Halle des Schlosses füllen. „Womit ihr sie füllt, das könnte ihr selber entscheiden", sagte der König. Der älteste Sohn machte sich flugs auf den Weg und kam an einem Feld vorbei, wo gerade Stroh gedroschen wurde. „Das ist es“, dachte er bei sich. „Das haben wir schnell erledigt. Mit dem Stroh kann ich die Halle mühelos bis oben hin füllen.“ Er verhandelte ein bisschen mit den Feldarbeitern und diese erklärten sich bereit, das Stroh in die Halle des Schlosses zu verfrachten. Die Mittagssonne stand gerade hoch am Himmel, da war die Halle voller Stroh. Der Sohn ging zu seinem Vater und sagte: „Ich habe deine Aufgabe erfüllt. Auf meinen Bruder brauchen wir nicht mehr zu warten. Auf, mach mich zu deinem Nachfolger." Der Vater winkte ab: „Noch ist nicht Abend. Lass uns warten." Bei Sonnenuntergang kam auch der jüngere Sohn. Er bat darum, das ganze Stroh wieder aus der Halle zu entfernen, was umgehend geschah. Dann stellte er mitten in die Halle eine Kerze und zündete sie an. Ihr Schein erfüllte den Raum bis in den letzten Winkel. Da wurde das Herz des Königs von großer Liebe zu seinem jüngeren Sohn erfüllt und er sagte: "Du sollst mein Nachfolger sein. Dein Bruder hat die Halle mit nutzlosem Zeug gefüllt. Du aber hast sie mit Licht erfüllt. Du hast sie mit dem gefüllt, was die Menschen brauchen."

Licht und Liebe – das ist manchmal ein und dasselbe.

Predigt zu Hebräer 4,9-11

gehalten am Ewigkeitssonntag 2014

Liebe Gemeinde!

„Ruhe"!
Was höre ich, wenn ich dieses Wort höre: „Ruhe"?
Was schwingt da für mich mit?
Welchen Klang hat dieses Wort?

Ich lade ein, kurz einmal darüber nachzudenken.
Ich schlage die Klangschale, bevor ich wieder weiterspreche.
(2 Minuten SCHWEIGEN – KLANGSCHALE)

Wie ist es Ihnen gerade ergangen?
Empfanden Sie die Ruhe als wohltuend, oder eher als belastend?
Hat die Ruhe Sie womöglich gar unruhig gemacht?

Oder hat jemand gemerkt, wie viel innere Unruhe er schon mitgebracht hat in diesen Gottesdienst?

Ich erinnere mich, wie ich einmal einer Gruppe älterer Damen vom Meditationskreis unserer Gemeinde vorschwärmte und wie wohltuend die daran Teilnehmenden das 20minütige Schweigen oft erlebten.

Die Seniorinnen warfen sich gegenseitig Blicke zu.
Dann machte eine mutig den Mund auf und rückte meine positive Sicht des Schweigens zurecht:

Keine von ihnen fände die Vorstellung 20 Minuten zu schweigen besonders verlockend. Vielmehr schwiegen einige von Ihnen oft unfreiwillig stunden- oder sogar tagelang und seien froh und dankbar, wenn sie einmal nicht diese dauernde Ruhe und Stille um sich hätten.

Wie unterschiedlich doch die Erfahrungen mit dem Schweigen und die Vorstellungen von Ruhe und Stille sein können, liebe Gemeinde.

Was für die Einen reine Labsal ist, hat für die anderen fast etwas Bedrohliches.
Wonach die einen sich sehnen, dem versuchen andere zu entkommen.

Es ist also noch eine Ruhe vorhanden für das Volk Gottes…
Wie hören wir das, liebe Gemeinde?
Wie ist es gemeint?

Heute am Ewigkeitssonntag verbindet sich mit dem Gedanken der Ruhe bei vielen sicher auch der Gedanke an den Tod.
„Ruhe sanft", „Ruhe in Frieden", „Hier ruht in Gott…" – so oder ähnlich steht es auf älteren Grabsteinen noch geschrieben.

Ruhe als Grabesstille, als Friedhofsruhe – ist das die Ruhe von der unser Predigttext spricht?
Soll uns diese Ruhe gar schmackhaft gemacht werden?

So lasst uns nun bemüht sein, zu dieser Ruhe zu kommen, heißt es ja im Text. Ist damit die Grabesruhe gemeint?

In älteren Kirchenliedern klingt dies gelegentlich an:

So heißt es in einem Abendlied von Paul Gerhardt:
„Der Tag ist nun vergangen, // Die güldnen Sterne prangen // Am blauen Himmelssaal; Also werd ich auch stehen, // Wann mich wird heißen gehen // Mein Gott aus diesem Jammertal."

Die Erde - ein Jammertal, das Leben - eine Prüfung:
Also nichts wie weg hier!
Dieser Gedanke ist uns heute ziemlich fremd geworden.

Ich habe versuchsweise den Begriff Jammertal mal gegoogelt und stieß an oberster Stelle auf eine Werbung für ein Hotel irgendwo in einer Region gleichen Namens im Münsterland:

„Im Jammertal" – so las ich da und ich zitiere – „finden sie die nötige Ruhe um sich zu erholen und vielfältige Angebote, um sich verwöhnen zu lassen. Erleben sie Wellness in all seiner Vielfalt."

Völlig unterschiedliche Konzeptionen von Jammertal, völlig unterschiedliche Wahrnehmungen von Ruhe.

Auch der Verfasser des Hebräerbriefes benutzt übrigens verschiedene Vorstellungen und Begriffe für „Ruhe". Schauen wir sie uns kurz einmal an:

Der eine Begriff – das Verb *katapauomai* - klingt in unserem „Pausieren", „Pause machen" noch an.
Es ist die kleine Erholpause zwischendurch, das Atem schöpfen, sich ausruhen, wieder zu sich kommen und Kräfte sammeln, die 20minütige Meditation in der Gemeindegruppe einmal im Monat.

Der andere Begriff - *sabbatismós* - kommt nur ein einziges Mal im Neuen Testament vor und zwar nur hier im ersten Satz unseres Predigttextes:
„Es ist also noch eine Ruhe vorhanden für das Volk Gottes."

Diese Ruhe nun – griechisch *sabbatismós* – eröffnet einen eigenen Raum von großer Tiefe und großer Weite. Es ist ein Zeitraum vollkommenen Friedens, vollkommener Zufriedenheit, göttlicher Ruhe und menschlichen Seelenfriedens.

Sabbatismós – wir hören darin das Wort Sabbat: Der siebte Tag der Woche, der Tag an dem Gott sein Schöpfungswerk beendete, der heilige Ruhetag und höchste Feiertag des Gottesvolkes Israel.
Und man muss einen Sabbat mal erlebt haben, um sich eine kleine Vorstellung davon machen zu können.

Eine kleine Gruppe aus unserer Gemeinde durfte kürzlich an einem Sabbatgottesdienst einer jüdischen Gemeinde in Frankfurt teilnehmen.
Da sitzt man nicht still und jeder möglichst weit weg vom anderen, sondern jeder wird mit Handschlag und Umarmung begrüßt und man erkundigt sich nach dem Ergehen während andere vielleicht schon beten und singen oder die Tora studieren. Anschließend wird zusammen gegessen, getrunken und gefeiert.

Der Sabbat, diesen Eindruck bekamen wir, ist ein großes, fröhliches Fest! Meine jüdischen Freunde haben mir dies auch immer wieder bestätigt: Sabbat bedeutet für sie, die Seele baumeln lassen, durchatmen, Gemeinschaft feiern, sich von allen Zwängen und allem Alltagsstress zu befreien und eine gottvolle Zeit zu erleben.

Der Sabbat Gottes, die Ruhe zu der wir eingeladen sind und von der unser Predigttext spricht, es ist nicht die Grabesruhe, es ist nicht die Todesstille, sondern es ist das Fest des Lebens, es ist Frieden, Freiheit und Glück schlechthin!

Es ist also noch eine Ruhe vorhanden für das Volk Gottes.
Denn wer zu Gottes Ruhe gekommen ist, der ruht auch von seinen Werken so wie Gott von den seinen.
So lasst uns nun bemüht sein, zu dieser Ruhe zu kommen.

Das hört sich nun schon ganz anders an, nicht wahr, liebe Gemeinde?!

Nun mag freilich mancher unter uns denken:
Ja, das hört sich schon schön an, aber nach Feiern und Fröhlichkeit ist mir gerade gar nicht zu Mute. Ich habe mein Liebstes verloren, ich fühle mich verlassen und alleine, der Abschied tut immer noch weh – ich brauche wirklich meine Ruhe aber doch kein fröhliches Fest!

Doch da sehe ich keinen Widerspruch.
Wir sind unterwegs, wir sind auf dem Weg, der Weg ist lang, er hat viele unterschiedliche Stationen.
Und der Weg zur Ruhe des Volkes Gottes führt mitten durch die Wüste und entlang mancher Durststrecken.
Und doch ist die Ruhe Gottes immer im Angebot, gerade in solcher Wüstenzeit und solchem Durchschreiten von Durststrecken.

Unser Predigttext spielt sehr deutlich an die Geschichte von der Wüstenwanderung des Gottesvolkes Israel an. 40 Jahre war das Volk unterwegs, ehe es das gelobte Land betreten durfte, eine harte Zeit der Entbehrungen, des puren Durchhaltens, der Anfechtungen und Zweifel.

Die Ruhe Gottes - in der Bibel übrigens auch ein stehender Ausdruck für den Tempel in Jerusalem. Dort nimmt Gott Wohnung, dort schenkt der Mensch Gott einen Ruheplatz.

Doch in der Wüste gibt es keinen Tempel. Auch Gott ist heimatlos und unterwegs, ist unterwegs mit seinem Volk und mit jedem einzelnen Menschen.

In der Wüste gibt es keinen Tempel, aber es gibt etwas anderes:
Es gibt das Zelt der Begegnung. Das wird an jeder Wegstation wieder neu aufgeschlagen und lädt zum Ausruhen ein und zur Gottesbegegnung.

Gott selber regt die Aufstellung des Zeltes an mit den Worten „damit ich in ihrer Mitte wohne“ (2. Mose 25,8).

„Siehe die Hütte Gottes bei den Menschen“, ruft der Seher Johannes, dessen Vision vom himmlischen Jerusalem wir in der Lesung gehört haben.
Ganz wörtlich übersetzt heißt die Stelle in der Offenbarung des Johannes: *„Schaut, das Zelt Gottes mit den Menschen.“*

Gott schlägt sein Zelt immer wieder mitten unter uns auf und lädt uns ein, zur Ruhe zu kommen, Frieden zu schließen mit dem, was uns grämt und kränkt, Seelenfrieden zu finden.

Eine Bekannte von mir – sie lebt in Berlin - hat ihre Garage umfunktioniert zu einer „Hütte Gottes“. Sie hat sich dort eine kleine Hauskapelle eingerichtet und lädt einmal in der Woche Freunde und Nachbarn ein, mit ihr dort Andacht zu feiern. Eine Oase der Ruhe mitten in der Großstadt.

Gott schlägt sein Zelt unter uns auf, dort, wo wir gerade sind, in der Wüste, am Wegesrand oder im fetten Weideland.

Lassen wir uns doch selber etwas einfallen und geben wir Gott einen Platz in unserem Leben, eine Ecke in einem Zimmer, eine Zeit, die wir ganz für das Gespräch mit ihm reservieren, bauen wir Gott ein Zelt in unserem „Jammertal" und verwandeln wir es in eine „Wellness-Oase".

Unterwegs aber sind wir zur Sabbatruhe des Festes und der Freude.
Und manchmal wird einem Menschen unvermutet eine kleine Vorahnung dessen zuteil, was uns wohl noch viel größer und schöner erwartet:

"Unbeschreiblich war die Empfindung der Ruhe und Beglückung. Was mich je bedrängt, blieb weltweit ferne, war nicht einmal mehr in Gedanken zurückzurufen... Plötzlich setzte Musik ein, in nichts ähnelten die Klänge einer Musik nach irdischen Begriffen. Irgendwo über diesen göttlichen Melodien musste das 'Reich ewiger Klarheit und Ruhe' sein, dem ich nun mit ungeheurer Hinneigung entgegenschwebte."
(Aus einem Nahtodbericht, Quelle unbekannt)

Wir sind auf dem Weg, liebe Gemeinde, wir sind eingeladen zur Ruhe Gottes, zum Fest des Lebens.

Predigt zu Hebräer 12,1-3
gehalten am Palmsonntag 2014

Liebe Gemeinde,

der heutige Palmsonntag bildet den Auftakt zur sogenannten Heiligen Woche.

Alles beginnt mit dem umjubelten Einzug Jesu in Jerusalem (wir haben davon in der Lesung aus dem Johannesevangelium gehört).

Jesus wird wie ein König, nein, er wird als König begrüßt und gefeiert, man breitet Palmzweige und Kleidungsstücke vor ihm auf die Straße. Das wirkt wie ein fröhlich-harmloses Straßenfest.

Doch in dem Jubelruf: „Hosianna! Gelobt sei, der da kommt in dem Namen des Herrn, der König von Israel!" liegt schon eine Crux.

Wer sich im römisch besetzten Jerusalem als König begrüßen und feiern lässt, muss damit rechnen, verhaftet, angeklagt, verhört und zum Tode verurteilt zu werden.

Denn die Römer dulden keinen König neben dem Kaiser von Rom.
So ist es im wahrsten Sinne des Wortes ein Kreuz mit dem Ruf: „Gelobt sei der König von Israel".
Man könnte genauso gut rufen: „Ans Kreuz mit ihm".
Das eine folgt aus dem Anderen bzw. ist die Kehrseite der jeweiligen Medaille.

Und genau dahin werden wir in der Heiligen Woche noch kommen: Das gleiche Volk, das Jesus entgegenruft: „Heil dem König von Israel“, wird bald brüllen: „Kreuziget ihn“.

Die Geschichte ist bekannt und zum geflügelten Wort geworden.
Wir werden den Geschehnissen in der Karwoche - oder Heiligen Woche - und in der Betrachtung des Kreuzweges noch genauer nachgehen.

Heute möchte ich einladen, einmal beim Bild des Weges zu bleiben.
Da fällt auf, dass dieser Weg, den wir in der Heiligen Woche beschreiten, Ähnlichkeiten mit einer Achterbahn hat:
Es geht hinauf und hinunter, es geht hin und her, drunter und drüber, die Strecke wimmelt von Windungen und Wendungen und wenn man denkt, jetzt geht es endlich einmal geradeaus, dann kommt garantiert eine plötzliche Kehrtwende um 180 Grad.

Eine Achterbahn der Gefühle, die nichts auslässt:
Jubel und festliche Freude, Angst und Entsetzen,
Vertrauen und Ruhe vor dem Sturm,
tiefste Verzweiflung und Traurigkeit,
Einsamkeit und Verlassenheit
und dann der unfassbare Jubel über das Wiedersehen,
die Rückkehr ins Leben und der Neubeginn.

Ein breites Spektrum an Emotionen
Die Heilige Woche mutet uns in der Tat einige Gefühlsbäder zu, wenn wir uns mutig in ihr Fahrwasser begeben.

Sie spiegelt in konzentrierter Gestalt das Leben in seiner ganzen Bewegtheit und Aufgeregtheit, nimmt uns mit auf einen Weg, der uns mit eigenen Wegstationen konfrontiert, mit eigenen Erfahrungen von Freude und Leid, Enttäuschung und neuer Hoffnung und allem, was dazwischen angesiedelt sein mag.

Das Leben als Weg, als Unterwegssein
Wie erleben wir das?
Was bewegt uns?
Wie und wohin sind wir unterwegs?

In unserem Predigttext für den heutigen Sonntag geht es um genau solche Fragen. (Lesung).

Liebe Gemeinde,
laßt uns laufen mit Geduld in dem Kampf, der uns bestimmt ist…
Der Weg des Christen, der Weg wohl eines jeden Menschen, gleicht in vielem einem sportlichen Wettkampf, der durchaus auch mal lustig und unterhaltsam sein kann, oft aber auch einfach nur anstrengend, schweißtreibend, kräftezehrend und nervenaufreibend.

Der Kampf kann mir manchmal alles abverlangen und mich an meine Grenzen bringen. Oder er bringt mich an mein Ziel, wenn ich weiß, was dieses Ziel ist.

Der Verfasser des Hebräerbriefes will uns Mut machen:
Viele sind schon vor uns unterwegs gewesen.
Eine Wolke von Zeugen – sie könnten uns beraten und ermutigen auf unserem Weg.

Auf jeden Fall berät und ermutigt auch der Verfasser:
Gebt niemals auf, lasst euch nicht unterkriegen und nicht entmutigen,
So möchte ich die Botschaft des Abschnitts zusammenfassen.

Beim Nachsinnen fiel mein Blick auf dieses Holzlabyrinth, das hinter meinem Schreibtisch an der Wand hängt.
Man kann da eine Kugel durch diese Vertiefungen laufen lassen und schauen, welchen Weg sie nimmt.
Der Weg ist vorgegeben.
Jede Bahn muss durchlaufen werden, so wie sie hier vorgeprägt ist.
Wer aus der Bahn gerät oder Streckenabschnitte überspringt, schummelt oder muss schauen, dass er wieder in die Bahn zurückkommt, oder auf den rechten Weg…

Das Labyrinth ist nicht nur ein Spielzeug, es ist ein spirituelles Symbol mit eigenem Tiefsinn und eigener Wahrheit, die heute wieder neu entdeckt wird.
Vielerorts gibt es seit einigen Jahren begehbare Labyrinthe.

Auf dem Schwanberg, wo wir gerade unsere Konfirmandenfreizeit verbracht haben, ist zum Beispiel eines zu finden.
Man kann da so eine gewundene Strecke entlang laufen bis man in die Mitte kommt. Und dann geht es wieder zurück nach Los.
Wer dies langsam und bewusst ausprobiert, gerät mit Sicherheit auch gedanklich und emotional in eigene, besondere Bahnen.

Labyrinthe sind ein uraltes Menschheitssymbol und finden sich in vielen Kulturen der Welt. Sie sind sorgfältig zu unterscheiden von Irrgärten: Diese führen die Besucher – wie der Name schon sagt – bewusst in die Irre, in

Sackgassen und auf Holzwege und manchmal in die Verzweiflung und das Gefühl von Ausweglosigkeit.

Das Labyrinth hat aber eine klare Linie, wenn auch in vielfacher Brechung und Biegung, ein Labyrinth hat eine Mitte und besteht aus einer einzigen Wegstrecke. Nur dass diese sich vom Anfang bis zum Ende nicht überschauen lässt und die Mitte zwar zum Ausruhen nicht aber zum dauerhaften Verweilen einlädt.

In vielen mittelalterlichen Kathedralen befanden sich Fußbodenlabyrinthe im Eingangsbereich.
Sie luden die Besucher ein, vor Beginn des Gottesdienstes an den vorgezeichneten Linien entlang zu laufen und über den eigenen Lebensweg nachzudenken. Manche tanzten ihren Weg, andere schritten ihn langsam und bedächtig ab, einige rutschten auch auf den Knien. Jeder wie ihm gerade war.

Übrigens störten sich die mittelalterlichen Mönche irgendwann an dem Herumgetanze auf den Labyrinthwegen. Sie wünschten sich mehr Ernst bei der Sache. Nach und nach wurden die Labyrinthe aus den Kirchen wieder entfernt.

In der Kathedrale im französischen Chartres ist eines erhalten geblieben und heute noch zu begehen oder zu besichtigen.

Ich möchte einen Erfahrungsbericht eines Pilgers vorlesen, der vor einigen Jahren dort einen Selbstversuch gemacht hat.

„In der Kathedrale von Chartres:

Ich durchschreite das größte aller Kirchenlabyrinthe.

Eine unvergessliche Erfahrung, die sich mit meinen Lebenserfahrungen deckt:

Es gibt keinen geraden Weg zur Mitte, viele Wendungen sind nötig, sogar eine Kehre um 180°.

Das verheißungsvolle Zentrum scheint so nahe; und als ich meinte ich käme an, da versperrt sich mir der Weg wieder.

„Was habe ich falsch gemacht, bin ich auf dem Irrweg?", war meine Frage. – Eine falsche Frage!

Ich werde zwar vorerst vom Ziel weggeführt, es sieht aus, wie wenn ich gar nicht ankäme.

Ich verstehe diesen Weg nicht mehr.

Es kann doch nicht sein, dass ich so nah am Ziel nochmals so weit hinaus muss.

Aber es gibt kein Zurück.

Ich bin aufgefordert, mit ganz verschiedenen Gefühlen diesem, meinen Weg zu folgen.

Das Hin und Her ist auf einmal kein sinnloses Wiederholen, sondern ein Rhythmus, eine Einladung, meiner Seele viel Zeit zu lassen.

Erst im Nachhinein lese ich, dass das Labyrinth von Chartres mit seinen zwölf Umläufen 28 (!) Kehren von 180°beinhaltet.

Es sind Wende-Punkte, die mich an alle die Wende-Zeiten in meinem Leben erinnern."

(Pierre Stutz, Verwundet bin ich und aufgehoben. Für eine Spiritualität der Unvollkommenheit, München 2003, 170)

Wende-Zeiten des Lebens

In der Heiligen Woche vollziehen wir sie in konzentrierter Form innerlich nach. Der Lebens- und Leidensweg Jesu liefert uns das Modell.

Doch es ist auch ein allgemein menschliches Modell, es ist der Gang der Dinge: Jesus – in allem den Menschen gleich – geht den Weg der Menschen bis zum Ende: Er tanzt das Leben, feiert das Leben und lässt sich feiern, er freut sich des Lebens und er macht Erfahrung mit den Schattenseiten des Lebens, ringt in Getsemane mit sich und dem Weg, der ihm bestimmt scheint und beschreitet ihn dann bis zum bitteren Ende, erduldet Leid, Verrat und Tod.

Und zeigt dann, dass der Weg noch weiter geht, für ihn und für uns alle: Denn der Tod ist nicht das Ende, er lässt das Leben neu beginnen.
Auch das ist uraltes Menschheitswissen.
Jesus führt es den Ungläubigen vor Augen.

So empfiehlt unser Predigttext: *Lasst uns aufsehen zu Jesus, dem Anfänger und Vollender des Glaubens*

Nicht wie gebannt auf den Weg starren, nicht verzweifelt das Ziel oder die Richtung suchen, sondern mich aufrichten und stützen lassen von Jesus, der mir zur Seite ist.
So kann ich getrost einen Schritt nach dem anderen tun, tanzend oder zögerlich, forsch oder tastend, wie auch immer, jedenfalls in meinem eigenen Tempo.

Jesus ist mir zur Seite, Jesus geht mir voran, Jesus hält mir den Rücken frei und wenn die Kraft zu Ende geht, dann trägt mich Jesus das letzte Stück.
Denn sein Versprechen gilt: Ich bin bei euch, alle Tage bis ans Ende der Welt und der Zeit. Wir sind nicht alleine unterwegs.

Printed by Books on Demand GmbH, Norderstedt / Germany